JN000789

ケアマネのための

福祉用具マネジメント

利用者の『やりたい』『行きたい』が
どんどん引き出せる！

高齢者生活福祉研究所 所長
理学療法士

著 加島 守

第一法規

はじめに

　ケアマネジャーの皆さんは、福祉用具というものに対するイメージをどのようにお持ちでしょうか。「できるだけ安いものが良い」「使わないで済むならその方が良い」「機械に操作されるのは人間らしくない」というようなネガティブなイメージをお持ちの方が多いでしょうか。それとも、「福祉用具を使用すれば生活範囲を広げることができる」「使わないで無理をするよりもけがを防ぐことができる」「少しでも機能の補完をすることができれば、介護負担の軽減につながる」というようにポジティブなイメージをお持ちの方もいらっしゃるでしょうか。

　筆者自身、脊柱管狭窄症にて左下肢痛がひどく、2015年から2019年まで医療用麻薬（経口モルヒネ硫酸塩）を使用し、2016年まではT字杖、キャリーバッグ、歩行車、車いす（クッション含む）、特殊寝台を使用して生活していました。モルヒネを服用するだけでなく、福祉用具を使用することにより買い物等の日常生活を送ることができましたし、仕事をすることもできました。

　では、福祉用具というものはどのように定義づけられているのでしょうか。

　福祉用具の定義というのは、「福祉用具の研究開発及び普及の促進に関する法律」の第2条に「この法律において「福祉用具」とは、心身の機能が低下し日常生活を営むのに支障のある老人（以下単に「老人」という。）又は心身障害者の日常生活上の便宜を図るための用具及びこれらの者の機能訓練のための用具並びに補装具をいう」と書かれています。

　そして介護保険制度においては「介護保険の福祉用具は、要介護者等の日常生活の便宜を図るための用具及び要介護者等の機能訓練のための用具であって、利用者がその居宅において自立した日常生活を営むことができるよう助けるものについて、保険給付の対象としています」と厚生労働省は対象を定めています。

　つまり福祉用具というものは、心身機能が低下し日常生活に不便を生じた時、日常生活の不便さを解消する用具です。すなわち利用者の「やりたい」ことができる用具、「行きたい」ところに行くことができる用具というように日常生活を過ごしやすくするものとしての用具です。本書では、この福祉用具について事例も含めて紹介したいと思います。

2023年1月

高齢者生活福祉研究所　加島 守

目次

🔍 事例でもっとわかる！―ケーススタディ編―

おわりに―体験談「快適な車いすに出会うまで」―

福祉用具がわかる！
―解説編―

Ⅰ 介護保険制度における福祉用具

介護保険制度における福祉用具の対象種目は、福祉用具貸与13種目と特定福祉用具販売6種目があります。

ケアマネジャーとして、各種目にはどのような福祉用具があるか理解していただくために、ここで紹介します。

① 貸与・販売種目

介護保険における福祉用具は、利用者の身体状況や要介護度の変化、福祉用具の機能の向上に応じて、適時・適切な福祉用具を利用者に提供できるよう、貸与を原則としています（貸与の原則）。

貸与になじまない性質のもの（他人が使用したものを再利用することに心理的抵抗感が伴うもの、使用によってもとの形態・品質が変化し、再利用できないもの）は、福祉用具の購入費を保険給付の対象としています（販売種目）。

また、福祉用具の貸与及び購入は、市場の価格競争を通じて適切な価格による給付が行われるよう、保険給付上の公定価格を定めず、現に要した費用の額により保険給付（原則9割、所得に応じて8割・7割支給）する仕組みとなっています。

ただし、貸与件数が月平均100件以上の商品については、貸与価格の上限設定を実施しており、上限価格を超えて貸与を行った場合は給付対象とされません。上限価格は当該商品の「全国

平均貸与価格＋１標準偏差（１SD）」（正規分布の場合の上位約16％）に相当します。なお、販売は原則年間10万円が、支給限度基準額とされています。

商品ごとの福祉用具の全国平均貸与価格および貸与価格の上限一覧については、厚生労働省や公益財団法人テクノエイド協会のHPで公表されていますので、検討する商品が上限価格の対象となっていないかどうか確認してください。

(1) 福祉用具貸与

①車いす

自走用標準型車いす、普通型電動車いす、または介助用標準型車いすが該当します。

((株)松永製作所HP)　　((株)ミキHP)　　(スズキ(株)HP)

②車いす付属品

クッション、電動補助装置等であって、車いすと一体的に使用されるものが該当します。車いす用テーブル、車いす用ブレーキを含みます。

((株)ユーキ・トレーディングHP)　　((株)ニシウラHP)

③特殊寝台

　サイドレールが取り付けてあるもの、または取り付け可能なものであって、次のいずれかの機能を有するものが該当します。

> ○背部または脚部の傾斜角度が調整できる機能
> ○床板の高さが無段階に調整できる機能

（パラマウントベッド(株)HP）

④特殊寝台付属品

　マットレス、サイドレール等であって、特殊寝台と一体的に使用されるものが該当します。電動ベッド用テーブル、スライディングボード・スライディングマット、介助用ベルトを含みます。

（(株)ケープHP）

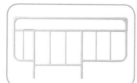

（パラマウントベッド(株)HP）

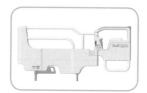

（パラマウントベッド(株)HP）

（パラマウントベッド(株)HP）

（パラマウントベッド(株)HP）

（(株)幸和製作所HP）

⑤床ずれ防止用具

次のいずれかに該当するものです。

○送風装置または空気圧調整装置を備えた空気マット

○水等によって減圧による体圧分散効果をもつ全身用のマット
（水、エア、ゲル、シリコン、ウレタン等）

（（株）タイカHP）

（（株）ケープHP）

⑥体位変換器

空気パッド等を身体の下に挿入することにより、居宅要介護者等の体位を容易に変換できる機能を有するものに限られ、体位の保持のみを目的とするものは除かれます。

（（株）タイカHP）

（パラマウントベッド（株）HP）

（東レ（株）HP）

⑦手すり

取付けに際し工事を伴わないものが該当します。便器または
ポータブルトイレを囲んで据え置くタイプのものを含みます。

(DIPPERホクメイ(株)HP)

(矢崎化工(株)HP)

(矢崎化工(株)HP)

(アロン化成(株)HP)

(パナソニックエイジフリー(株)HP)

⑧スロープ

段差解消のためのものであって、取付けに際し工事を伴わない
ものが該当します。

(矢崎化工(株)HP)

(ケアメディックス(株)HP)

⑨歩行器

　歩行が困難な者の歩行機能を補う機能を有し、移動時に体重を支える構造を有するもので、次のいずれかに該当するものです。

○車輪を有するものにあっては、体の前及び左右を囲む把手（取っ手）等を有するもの。

○四脚を有するものにあっては、上肢で保持して移動させることが可能なもの。

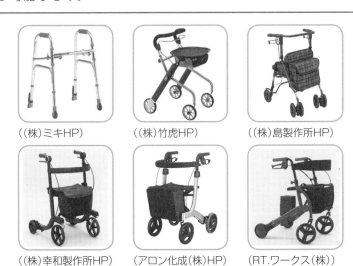

（(株)ミキHP）　　　（(株)竹虎HP）　　　（(株)島製作所HP）

（(株)幸和製作所HP）　（アロン化成(株)HP）　（RT.ワークス(株)）

⑩歩行補助杖

　松葉杖、カナディアン・クラッチ、ロフストランド・クラッチ、プラットホームクラッチ及び多点杖が該当します。

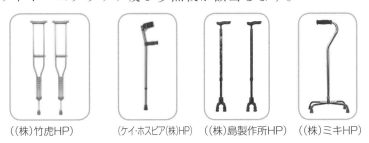

（(株)竹虎HP）　（ケイ・ホスピア(株)HP）　（(株)島製作所HP）　（(株)ミキHP）

⑪認知症老人徘徊感知機器

　認知症老人が屋外へ出ようとしたとき等、センサーにより感知し、家族、隣人等へ通報するものが該当します。

（ハカルプラス（株）HP）

（（株）エクセルエンジニアリングHP）

⑫移動用リフト（つり具の部分を除く）

　床走行式、固定式または据置式であり、かつ、身体をつり上げまたは体重を支える構造を有するものであって、その構造により、自力での移動が困難な者の移動を補助する機能を有するもの（取付けに住宅の改修を伴うものを除く）が該当します。

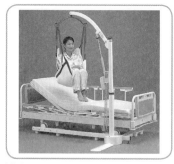

（（株）モリトーHP）

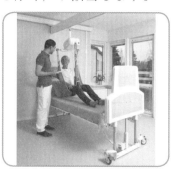

（（株）竹虎HP）

（TOTO（株）HP）

（（株）サンワHP）

（（株）サンワHP）

（（株）コムラ製作所HP）

⑬自動排泄処理装置

　尿または便が自動的に吸引されるものであり、かつ、尿や便の経路となる部分を分割することが可能な構造を有するものであって、居宅要介護者等またはその介護を行う者が容易に使用できるもの（交換可能部品（レシーバー、チューブ、タンク等のうち、尿や便の経路となるものであって、居宅要介護者等またはその介護を行う者が容易に交換できるものをいう）を除く）が該当します。

（パラマウントベッド㈱HP）　　（㈱キュラコジャパンHP）

(2)　特定福祉用具販売

①腰掛便座

次のいずれかに該当するものです。

○和式便器の上に置いて腰掛式に変換するもの（腰掛式に変換する場合に高さを補うものを含む）。

○洋式便器の上に置いて高さを補うもの。

○電動式またはスプリング式で便座から立ち上がる際に補助できる機能を有しているもの。

○便座、バケツ等からなり、移動可能である便器（水洗機能を有する便器を含み、居室において利用可能であるものに限る）。ただし、設置に要する費用については従来通り、法に基づく保険給付の対象とならないものである。

（アロン化成(株)HP）　　（パナソニックエイジフリー(株)HP）　　（TOTO(株)HP）

（パナソニックエイジフリー(株)HP）　　（アロン化成(株)HP）　　（アロン化成(株)HP）

②自動排泄処理装置の交換可能部品

　自動排泄処理装置の交換可能部品（レシーバー、チューブ、タンク等）のうち尿や便の経路となるものであって、居宅要介護者等またはその介護を行う者が容易に交換できるものが該当します。

　専用パッド、洗浄液等排泄の都度消費するもの及び専用パンツ、専用シーツ等の関連製品は除かれます。

（パラマウントベッド(株)HP）　　（パラマウントベッド(株)HP）

③入浴補助用具

入浴に際しての座位の保持、浴槽への出入り等の補助を目的とする用具であって、a）〜g）のいずれかに該当するものです。

a）入浴用いす（座面の高さが概ね35cm以上のものまたはリクライニング機能を有するもの）

（アロン化成（株）HP）

（パナソニックエイジフリー（株）HP）

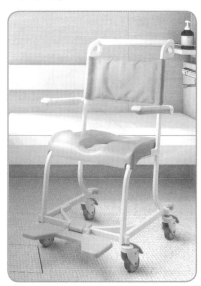

（TOTO（株）HP）

b）入浴台（浴槽の縁にかけて浴槽への出入りを容易にすることができるもの）

（アロン化成（株）HP）

c）浴槽用手すり（浴槽の縁を　　　d）浴室内すのこ（浴室内に置
挟み込んで固定すること　　　　いて浴室の床の段差解消
ができるもの）　　　　　　　　を図ることができるもの）

（アロン化成(株)HP）

（矢崎化工(株)HP）

e）浴槽内いす（浴槽内に置いて利用することができるもの）

（パナソニックエイジフリー(株)HP）

f）浴槽内すのこ（浴槽の中に置いて浴槽の底面の高さを補う
もの）

（矢崎化工(株)HP）

g）入浴用介助ベルト（居宅要介護者等の身体に直接巻き付けて使用するものであって、浴槽への出入り等を容易に介助することができるもの）

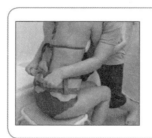

（（株）幸和製作所HP）

④簡易浴槽

空気式または折りたたみ式等で容易に移動できるものであって、取水または排水のために工事を伴わないものが該当します。

※「空気式または折りたたみ式等で容易に移動できるもの」とは、硬質の材質であっても使用しないときに立て掛けること等により収納できるものを含むものであり、また、居室において必要があれば入浴が可能なもの。

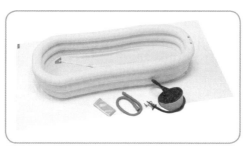

（オカモト（株）HP）

⑤移動用リフトのつり具の部分

　身体に適合するもので、移動用リフトに連結可能なものが該当します。

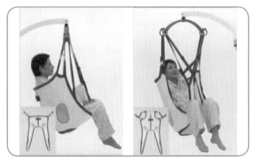

((株)モリトーHP)

⑥排泄予測支援機器（2022年4月1日より）

　利用者が常時装着した上で、膀胱内の状態を感知し、尿量を推定するものであって、一定の量に達したと推定された際に、排尿の機会を居宅要介護者等またはその介護を行う者に自動で通知するものが該当します。専用ジェル等装着の都度、消費するもの及び専用シート等の関連製品は除かれます。

(トリプル・ダブリュー・ジャパン(株)HP)

　特に2022年4月1日に追加された排泄予測支援機器というのは、超音波等を利用して膀胱内の尿の溜まり具合を可視化するもので、給付対象は「トイレでの自立した排尿が困難となっている居宅要介護者等であって、排尿の機会の予測が可能となること

で、失禁を回避し、トイレで排尿をすることが見込める者」と定義づけられています。

排泄予測支援機器の使用方法で想定される使用方法は、

1. 利用者本人が装着し排尿の機会を知らせることで、適時にトイレに移動し排泄する。
2. 介助者が通知により、排泄の声かけやトイレへの誘導を行い、本人の排泄を促す。

という２種類の使用方法が考えられます。したがって、独居の人が必ずしも給付対象外になるわけではありませんが、適切な使用によってトイレでの自立した排泄が期待できるのかどうかの検討が必要でしょう。

(3) 軽度者に対する福祉用具貸与

要支援１・要支援２及び要介護１と認定された軽度者は、その状態像から見て使用が想定しにくい「車いす」「車いす付属品」「特殊寝台」「特殊寝台付属品」「床ずれ防止用具」「体位変換器」「認知症老人徘徊感知機器」「移動用リフト（つり具の部分を除く）」及び「自動排泄処理装置」に対しては、原則として福祉用具貸与を利用しても保険給付が受けられません。なお、「自動排泄処理装置」については要介護２・３の方も貸与不可です。

ここでいう「自動排泄処理装置」は尿のみを自動的に吸引するものは除かれます。尿のみを自動的に吸引するものについては、軽度者による制限はありません。

次の 表1 は、上記の内容を表に示したものです。

表1 軽度者に対する福祉用具貸与

種目	軽度者（要支援1・2、要介護1）
車いす	貸与不可
車いす付属品	貸与不可
特殊寝台	貸与不可
特殊寝台付属品	貸与不可
床ずれ防止用具	貸与不可
体位変換器	貸与不可
手すり	可能
スロープ	可能
歩行器	可能
歩行補助杖	可能
認知症老人徘徊感知機器	貸与不可
移動用リフト	貸与不可
自動排泄処理装置	尿のみを自動的に吸引するものは可能。 上記以外→不可（要介護2及び要介護3の人も貸与不可）

2 軽度者に対する例外給付

　下記（厚生労働省告示第 94 号第 31 号のイ）で定める状態像に該当する人については、軽度者であっても、その状態像に応じて利用が想定される対象外種目に対して保険給付が受けられます。これを例外給付といいます。

◆ イ 次に掲げる福祉用具の種類に応じ、それぞれ次に掲げる者

①車いす及び車いす付属品

　次のいずれかに該当する者

> (一)　日常的に歩行が困難な者
> (二)　日常生活範囲において移動の支援が特に必要と認められる者

②特殊寝台及び特殊寝台付属品

　次のいずれかに該当する者

> (一)　日常的に起きあがりが困難な者
> (二)　日常的に寝返りが困難な者

③床ずれ防止用具及び体位変換器

　日常的に寝返りが困難な者

④認知症老人徘徊感知機器

　次のいずれにも該当する者

> (一)　意思の伝達、介護を行う者への反応、記憶又は理解に支障がある者
> (二)　移動において全介助を必要としない者

⑤移動用リフト（つり具の部分を除く）

次のいずれかに該当する者

㈠　日常的に立ち上がりが困難な者

㈡　移乗において一部介助又は全介助を必要とする者

㈢　生活環境において段差の解消が必要と認められる者
---

⑥自動排泄処理装置

次のいずれにも該当する者

㈠　排便において全介助を必要とする者

㈡　移乗において全介助を必要とする者

　上記「①**車いす及び車いす付属品**」の「㈡　日常生活範囲における移動の支援が特に必要と認められる者」及び「⑤**移動用リフト（つり具の部分を除く）**」の「㈢　生活環境において段差の解消が必要と認められる者」については、該当する基本調査結果がないため、主治医から得た情報及び福祉用具専門相談員のほか、軽度者の状態像について適切な助言が可能な者が参加するサービス担当者会議等を通じた適切なケアマネジメントにより、指定居宅介護（介護予防）支援事業者が判断すれば、軽度者であっても貸与が可能です（平成18年3月17日老計発第0317001号、老振発第0317001号、老老発第0317001号）。

　そして移動用リフトのうち昇降座椅子は「立ち上がり」ではなく「移乗」で判断することとなります。参考として、「軽度者に対する福祉用具貸与の取扱いについて（平成19年3月30日厚生労働省老健局振興課）」では、下記のように示されています。しかし、市町村により提出書類も判断も異なりますので、必ず各市町村の担当者に確認してください。

2 移動用リフトのうち「昇降座椅子」については、認定調査項目の「立ち上がり」による必要性の判断ができないと思うが、考え方如何。

（答）認定調査項目で判断する場合、「立ち上がり」ではなく「移乗」で判断することとなる。その理由は、「床からの昇降」を補助する「昇降座椅子」は「床から椅子の高さまでの動き」を評価する必要があり、「畳からポータブルトイレへ」の「乗り移り」を評価する「移乗」の認定調査項目を用いる必要があるためである。したがって、昇降座椅子について「立ち上がり」で必要性を判断することは妥当ではない。

　また、上記の厚生労働省告示第94号第31号イに該当しない場合でも医師の医学的な所見に基づき判断され、かつ、サービス担当者会議等を通じた適切なケアマネジメントにより福祉用具貸与が特に必要であることが判断された場合、指定（介護予防）福祉用具貸与理由書を提出することで、保険給付が可能になります。

◆ 「厚生労働省告示第94号第31号のイで定める状態像に該当する人」に該当しない場合

ⅰ）～ⅲ）のいずれかに該当する者

ⅰ）疾病その他の原因により、状態が変動しやすく、日によって又は時間帯によって、頻繁に94号告示第31号のイ（23～24ページ参照）に該当する者

例：パーキンソン病の治療薬によるON・OFF現象

ⅱ）疾病その他の原因により、状態が急速に悪化し、短期間のうちに94号告示第31号のイに該当することが確実に見込まれる者

> 例：がん末期の急速な状態悪化

ⅲ）疾病その他の原因により、身体への重大な危険性又は症状の重篤化の回避等医学的判断から94号告示第31号のイに該当すると判断できる者

> 例：ぜんそく発作等による呼吸不全、心疾患による心不全、
> 　　嚥下障害による誤嚥性肺炎の回避

　注意点として、「例」はⅰ）～ⅲ）の状態に該当する可能性のあるものを例示したもので、例以外の者であっても、ⅰ）～ⅲ）の状態であると判断される場合もありますので、必ず各市町村の担当者に確認してください。

コラム① 市の担当者による解釈の違い

　介護保険法が改正されていなくても、市の担当者が変わると利用できたり制限されたりと対応が変わったという経験をされている方が多いかと思います。筆者も市の委託事業として10年間受託して同じ業務をしていても、担当者が変わると解釈が変わることによって利用できたりできなかったりしたことがありました。

　今年になって各市役所の対応を調べてみると、Q&Aを提示している市がありました。Q&Aで回答されていれば、きちんとした理由がわかります。また担当者が変わっても同じ対応をすることができますし、利用できない説明をすることもできます。

　各市にケアマネジャーの連絡協議会がありますので、協議会から市役所にQ&Aで回答してほしい等要望するのも一つの方法ではないでしょうか。

3 ICF から見た福祉用具の位置づけ

　2001 年に採択された ICF（国際生活機能分類）は、生活機能と環境因子等を関連づけ、プラスの視点で把握しようとするものです。この ICF の視点から、環境が変化することにより利用者の生活がどのようになるかを確認することが大切です。すなわち、利用者の「やりたい」「行きたい」という気持ちの変化により、生活が変化していくことこそが本来の福祉用具の位置づけとなります。ICF を理解するためにそれ以前の ICIDH も含めて説明したいと思います。

　1980 年に「国際障害分類」（ICIDH）が WHO から刊行され、障害、すなわち「疾患が生活・人生に及ぼす影響」を見る必要があるという意識の高まりが出てくるようになりました。 図1 の ICIDH のモデルは、疾患・変調が原因となって機能・形態障害が起こり、それから能力障害が生じ、それが社会的不利を起こすというものです。

　ICIDH では、例えば脳卒中という疾患により、片麻痺という機能障害が生じ、歩行困難という能力障害により、職場復帰困難という社会的な不利が生じるというように、障害というマイナスの側面が強調されていました。しかしプラスの面に着目することが必要とされ、「心身機能・身体構造」「活動」「参加」という 3 つの次元と「環境因子」「個人因子」が双方に影響を与えるという考え方が ICF です。

図1 ICIDH のモデル

出典：DINF 障害保健福祉研究情報システム HP

図2 ICF のモデル

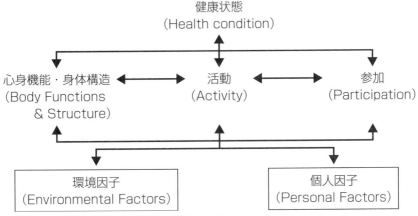

出典：DINF 障害保健福祉研究情報システム HP

　図2の ICF のモデルは、健康状態（自分が抱えている病気やけが等）、心身機能・身体構造（手足の麻痺や筋力低下、関節拘縮、精神面等）のプラス面とマイナス面、活動レベルの日常生活動作（ADL）等、参加レベルの地域や家庭での役割、そして環境因子（物的な生活環境、人的環境（家族構成等）、社会制度的環境（介護保険、医療保険、各市の高齢者制度）等、さらに個人因子（性別、年齢、学歴、職歴、性格等）との相互的な関係から分類・評価を行うものです。

　この ICF により、特に環境因子として住宅改修や福祉用具（寝具、移動関係等日常生活に使用する福祉用具）を使用することにより、活動や参加のレベルがプラス面として変化するものとして捉えることができるようになりました。

図3 ICF モデルと福祉用具の活用（利用者 A さんの事例より）

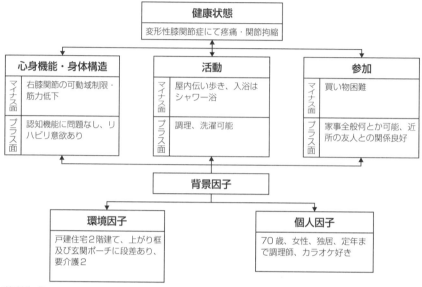

健康状態
変形性膝関節症にて疼痛・関節拘縮

心身機能・身体構造

| マイナス面 | 右膝関節の可動域制限・筋力低下 |
| プラス面 | 認知機能に問題なし、リハビリ意欲あり |

活動

| マイナス面 | 屋内伝い歩き、入浴はシャワー浴 |
| プラス面 | 調理、洗濯可能 |

参加

| マイナス面 | 買い物困難 |
| プラス面 | 家事全般何とか可能、近所の友人との関係良好 |

背景因子

環境因子

| 戸建住宅2階建て、上がり框及び玄関ポーチに段差あり、要介護2 |

個人因子

| 70歳、女性、独居、定年まで調理師、カラオケ好き |

著者作成

　では具体的に事例で説明してみましょう（**図3**）。

◆ 利用者Aさんの事例

・**健康状態**：変形性膝関節症にて疼痛（とうつう）・関節拘縮（こうしゅく）があります。

・**心身機能・身体構造**：

　マイナス面　右膝関節に可動域制限と筋力低下がややみられます。

　プラス面　認知機能は問題ありません。リハビリの意欲もあります。

・**活動**：

　マイナス面　屋内移動は伝い歩きをしています。入浴は立ち座り困難にてシャワー浴をしています。

　プラス面　調理及び洗濯は可能です。

・**参加**：

　　マイナス面　買い物等に出かけることができません。

　　プラス面　家事全般は何とか行えています。近所の友人との関
　　　　　　　係は良好です。

・**環境因子**：戸建住宅2階建てです。各部屋と廊下の段差はあり
　ません。玄関上がり框段差は20cm、玄関ポーチから門扉まで
　15cmの段差が2段あります。要介護2。

・**個人因子**：70歳女性で、独居です。身長160cm、体重55kgです。
　定年までは調理師として働いていました。カラオケが好きです。

➡福祉用具導入後

・**活動**：屋内歩行車にて移動が速くなり、物を運ぶことが可能と
　なりました。浴室に手すりを設置し、入浴用いすと浴槽台を使
　用して一人で浴槽内入浴可能となりました。

・**参加**：屋外用歩行車を使用して一人で買い物が可能となりまし
　た。友人を招いて退院祝いを行いました。

・**環境因子**：上がり框段差から門扉までと浴室に手すりを設置し
　ました。浴室内に入浴用いすと浴槽台を設置し、屋内外歩行車
　を導入しました。

◎事例から見た環境による生活の変化

　手すり設置と歩行車導入という環境の変化により、Aさんは屋
内でものを運ぶ等の移動（宅配便の受け渡し、食事を運ぶ、洗濯
物を干したり取り込む）が自立し、さらに買い物等外出する、友
人を招き入れるというように、生活を変えることができました。
また手すり設置工事、入浴用いすと浴槽台の使用によって一人で
浴槽内入浴が可能となりました。

　このAさんの生活をとらえるとき、環境が変わることででき

る生活（活動）が変わり、そのことによりしている生活（活動）が変化し、したい生活（活動）へと変化をもたらしました。このように利用者が希望することに利用者自身が気付くことが、利用者のニーズに相当するのです。

　ニーズを考えるとき、利用者への必要性という視点のみから考えて提案した場合、その提案は利用者が希望しない内容となっていることがあります。希望しないのに「必要です」「必要です」と必要性の押し付けをすることは、利用者にとっては苦痛でしかありません。「したい」という希望を引き出すことこそ「利用者自身がニーズに気付くこと」であり、希望とニーズが一致することになります。

　利用者のニーズを把握し、ニーズを引き出すためにも、環境因子による変化を予測し、提案できると良いでしょう。

コラム② 1930年からデザインが変わらない標準型車いす

　車いすの種類は様々なものがありますが、レンタルする人の多くが利用されているのは標準型自走式車いすではないでしょうか。この標準型自走式車いすのデザインは1930年代に作られたものとほぼ同じです。写真は1964年の東京パラリンピックの入場式の様子ですが、選手が使っている車いすと今多く普及している車いすとがほぼ同じデザインであることがわかります。

（写真提供：共同通信社）

Ⅱ ケアマネジャーとしての 福祉用具のかかわり方

1 福祉用具から見た利用者ニーズ

　福祉用具を使用したり住宅改修など生活環境支援を行うことによる利用者ニーズはどのようなことか考えてみましょう。

　ICF の活動レベルで考えてみると、福祉用具の利用目標が参考になります。すなわち、「特殊寝台を利用して起き上がりや立ち上がりが一人でできるようになる」「歩行車を使用して一人で散歩や買い物ができるようになる」「車いすを使用することにより屋内移動が一人でできるようになる」等動作レベルで「できないことができるようになる」というニーズ段階を上げることができます。

　また、浴室段差解消と手すり設置、入浴用いす・入浴用リフトの使用によって、一人で入浴できるようになった人の場合は「今まで入浴時間が3時間かかっていたのが1時間で入ることができるようになった」「今まで入浴頻度が2週間に1回だったのが、1日おきに入ることができるようになった」などの変化が考えられます。これはすなわち「入浴時間を短縮できる」「入浴頻度を増やすことができる」という利用効果です。「歩行車を使用することで屋外移動ができるようになる」という人の場合は、「生活範囲が広がる」という利用効果がみられます。

　さらに、ICF の参加レベルで考えてみると、生活全般における課題すなわち生活レベルでの効果が考えられます。例えば、「歩行車を利用することで屋外移動が一人ででき、近くのコンビニに買

い物に行くことができる。一人で年金を下ろすことができるようになる」「金銭管理を行うことができる」「近くの花屋に行って仏花を買い、花屋さんや買いに来た友人達と世間話をすることができる」というように日常生活動作ばかりでなく、自分自身の役割や社会交流を図ることができるようになるのです。

　ベッド上の生活の人の場合でも「スマートフォンとタッチペンを使用して、ネット通販で買い物することができるようになる」「スマートフォンのビデオ機能やオンラインでのミーティングサービスを使用することで会議に参加することができる」ということも考えられます。

　介護負担軽減の側面からみると、「特殊寝台を使用することで起き上がりや立ち上がり、移乗時の介護負担軽減を図ることができる」「移乗用リフトとティルト・リクライニング車いすを使用することで移乗時の介護負担軽減を図ることができる」ばかりでなく、「ティルト・リクライニング車いすを使用して、昼食と夕食時家族団らんを楽しむことができる」ようになり、利用者の方が「父として」「祖父として」「夫として」「母として」「祖母として」「妻として」会話をすることができるようになります。

　また、障害高齢者の日常生活自立度ランクＣ２（１日中ベッド上で過ごし、排泄、食事、着替えにおいて介助を要し、自力では寝返りも打てない）の人が、移乗用リフトとティルト・リクライニング車いすを使用することで、日常生活自立度ランクＢ２（屋内での生活は何らかの介助を要し、日中もベッド上での生活が主体であるが、座位を保ち、介助により車いすに移乗する）になる可能性もあります。これはすなわち、１日中ベッドの上で過ごす生活から、昼間はベッドから離れて、リビングルームで好きなテレビや映画を楽しんだり、家族と話をしたりできるかもしれないということです。この場合にはベッドから離れられるので、寝室

とリビングルームが異なる部屋であっても家族と一緒に過ごすことができます。

これらをまとめると、福祉用具や住宅改修のポイントとして挙げられるのが、①利用者本人の動作に対する支援と、②介護者の動作に対する支援が生活に対する支援（頻度・回数・距離・役割・暮らしの楽しみ）につながるということです。

② 通訳としてのケアマネジャー

福祉用具を提案するとき、例えば「2モーターベッド」「3モーターベッド」「○○モーション」「ヘッドアップ機能」等、特殊寝台のカタログに書かれている言葉で説明しても、高齢の利用者の方にとっては意味がまったくわからないと思います。

利用者は初めて福祉用具に接するのですから、福祉用具専門相談員が普段使っている専門用語で説明されても、馴染みのない言葉ばかりです。何を言っているのか、まるでわからないでしょう。対してケアマネジャーは、福祉用具の専門家ではありませんが、日常的に利用者に福祉用具を導入したり、実際に現物を見たりすることで、福祉用具によって利用者の生活が変化することを体験しています。

そのため、ケアマネジャーは利用者を代弁するように、場合によっては福祉用具専門相談員やメーカーの通訳のような立場で、利用者に福祉用具の説明をすると良いでしょう。

ケアマネジャーが利用者の横で福祉用具専門相談員の説明を聞いているとき、ケアマネジャーがわからないような説明を利用者がわかるはずがありません。最低限ケアマネジャーがわかるように説明してもらうことが必要です。場合によっては、利用者が「わかったか」「理解できたか」をケアマネジャーが確認し、もっと

わかりやすい説明をしてもらうよう福祉用具専門相談員に話をすると良いでしょう。

　ここで具体例として通訳としてのケアマネジャーの会話を紹介します。

◎会話の背景と具体例

　Aさんは80歳で独居の女性です。長年、右変形性膝関節症により整形外科に通っていました。服薬治療と電気治療で何とか痛みは改善してきたところに尻もちをついてしまい、脊椎圧迫骨折との診断を受けました。寝具である布団から起きて立ち上がるのが大変だということで介護保険を申請し、要介護1の判定を受けました。

　相談を受けたケアマネジャーは、例外給付の申請を含めて、福祉用具専門相談員とAさん宅に同行し、Aさんと一緒に福祉用具専門相談員の説明を聞くことにしました。

　ケアマネジャーが福祉用具専門相談員に状況を説明したところ、福祉用具専門相談員から、布団にレンタル手すりをつける、もしくは介護用ベッドの導入という提案がありました。この提案を聞いたAさんは、馴染みのある布団に手すりがあれば起き上がりや立ち上がりが楽になるかもしれないと思っています。

福祉用具専門
相談員

> 布団にレンタル手すりをつけるか、介護用ベッドを導入するのはいかがでしょうか。

> 手すりの場合、布団の上げ下ろしはどうすればよろしいのですか？

ケアマネジャー

福祉用具専門
相談員

布団は敷いたままの状態になると思います。

Aさん
（利用者）

万年床じゃね〜。埃がたまってきちゃうからね。
ベッドはどういうものかしら？

福祉用具専門
相談員

（カタログを見せながら）介護用ベッドには２モー
ターベッドと３モーターベッドがあり、２モーター
ベッドは背上げと膝上げが連動して動き、ベッドのハ
イロー機能があります。３モーターベッドは背上げと
膝上げが別々に動き、ハイロー機能がついています。

Aさん

……。

何かわからないことはありました
か？

ケアマネジャー

Aさん

ツーだかスリーだか、ハイロとか言われても
よくわからないのよね。

ケアマネジャー

背上げと膝上げ、ハイロー機能について動画な
どを見せてもらって、もっとわかりやすく説明し
ていただけますか。そしてなぜその機能の付いた
ベッドを薦めるのか説明していただけますか？

福祉用具専門
相談員

……！
いつも福祉用具の説明をしたり、自分で組み立て
たりしているから、自分だけがわかるようにお話し
してしまいました。すみませんでした。
もっとわかりやすくお話しします。

　このように、介護用ベッドひとつとっても「２モーターベッド」
「３モーターベッド」「○○モーション」「ヘッドアップ機能」など、
利用者が聞いたこともないような単語で説明されることがよくあ
ります。マットレスの説明も、「リバーシブルタイプ」「サイドエッ
ジ」等、「自然な寝姿勢を保持する構造」などと説明されている
こともあるでしょう。単に構造等の説明をされても利用者はわか
りませんので、その仕様・材質のものは、利用者のどの機能に対

して有効なのかの説明をしてもらうと、利用者も福祉用具使用に対して積極的になることでしょう。

③ 福祉用具とヒヤリハット

　利用者にとってのニーズという視点から、ケアマネジャーが福祉用具に求めるものは何でしょうか。

　よく聞かれるのは「できるだけ値段の安いもの」「早く搬入してほしい」という言葉です。

　本当に「安くて早い」ものが利用者にとってのニーズでしょうか。製品の安全性なども考慮されるべきではないでしょうか。

　ケアマネジャー向けの情報サイトや介護保険最新情報にエアコンや電気ストーブ、加湿器、ポータブルトイレ等様々な商品のリコール情報が載っています。こうした情報を各貸与事業所とも情報共有できると良いでしょう。

【リコール情報が掲載された資料（例）】

○「電動車いす（ハンドル形）の使用に関する注意喚起について」（平成22年9月8日消費者庁）

○「介護関連施設・事業所等に対するリコール製品の情報の周知について（依頼）」（平成27年2月18日厚生労働省老健局介護保険最新情報 vol.421）

○「高さが調節できる入浴用いすの脚の破損に注意 - 脚の高さ調節機構の不具合により、転倒する事故が発生」（平成28年9月15日独立行政法人国民生活センター）

出典：独立行政法人国民生活センター　リーフレット「くらしの危険」

このように注意喚起が必要なものは、特にヒヤリハットに気をつけなければなりません。ケアマネジャーは1か月に1回モニタリングを行いますが、福祉用具専門相談員のモニタリングは6か月に1回程度です。事故にはならなくても、ヒヤリとすることは多くみられています。例えば、

○ベッド横の据置型手すりの位置がずれて、挟まれそうになった。

○電動ベッドの下にゴミ箱が入り、ベッドを下げたらベッドが傾いてしまった。

○フットサポートを跳ね上げないで車いすから立ち上がろうとして、前方に転びそうになった。

○突っ張るタイプの手すりにしがみついたら斜めに傾いてしまった。

などがあげられると思います。

　福祉用具を導入して動作や生活がどのように変化したかということだけでなく、導入後置き場所が変わっていないか、おかしな使い方をしていないかなど福祉用具専門相談員とお互いに連絡を取り合うと良いでしょう。

コラム③　浴槽のふちにつかまる手が滑るときの対応

　浴槽をまたぐとき、手すりがあっても片手は浴槽のふちにつかまって湯船に入る人がいます。また、浴槽から立ち上がるときも片手は浴槽のふちにつかまる人がいます。浴槽のふちは蓋との間でぬめりが生じやすく、ふちにつかまると手が滑ってしまいかねません。そのぬめりによる滑りを防ぐものとしてお薦めなのが「滑り止め」。耐水の滑り止めを貼っておけば、ふちにつかまったとき手が滑ることなく、浴槽をまたいだりするときも安心です。

((株)ウィズ)

④ 多（他）職種連携

　多職種連携という言葉が一般的に使用されていますが、多くの職種の場合「医療職」「福祉職」「介護職」という自分たちの職種と異なる職種と連携をとるので、筆者としては多いだけでなく自分たちとは異なる他の職種という意味で「多（他）職種」と表記しています。

　他の職種と連携をとるために必要なのは、「共通言語」になりますが、特に医療職による説明は医学用語ですべて説明しようとするので、非常にわかりにくいと思います。福祉職、介護職は「意味がわかりにくいけど確認しづらくって」と思うのではなく、「医療従事者でない自分たちにわかりやすく説明してほしい」と声を大きくして良いと思います。ですから退院時カンファレンス等のとき、退院する利用者及び家族の気持ちになって「わからないことはわからない」と質問した方が利用者も家族も会議の内容を理解できます。

　また福祉用具専門相談員も同様、退院時カンファレンスやサービス担当者会議などで医療職の話の内容がわかりにくいときにはどんどん質問し、本人や家族にもわかるように説明してもらうようにしましょう。利用者の状況に合わせた福祉用具はどのような機能・仕様・寸法（例えば本人の座位臀幅と車いすのシート幅の関係、下腿長と前座高の関係など）なのかを聞くことにより、カンファレンス参加者全員が、必要な用具の種類とその機能や仕様を確認することができるようになるのです。例えばカンファレンスのときに血液検査の中でも血清アルブミン値が 3.5g/dL 以下に低下（基準値 3.8g ～ 5.3g/dL）している場合、低栄養とみなされ、褥瘡のリスクも高くなります。このことは食事の改善やリスクに応じたマットレスの選定、現在の体力に合わせた用具の選

定、これからの生活の目標や方針等にも関係するでしょう。そして、医療職の言うとおりの食事を摂ったり、生活を送ることがカンファレンスの目的ではなく、利用者本人の今までの生活やこれから送りたい生活に対する希望を踏まえて、今後どのように生活していくかを検討するのがカンファレンスの目的です。そのための事前情報収集が福祉職の大切な役割なのです。

5 福祉用具専門相談員によるアセスメントとケアマネジャー

　高齢者等の心身の状況、希望及びその置かれている環境を踏まえて利用目標を定めるとともに、適切な福祉用具を選定して利用者が目標に向けて生活をするためには、アセスメントが必要です。しかし福祉用具専門相談員がアセスメントするために必要なすべての情報を福祉用具専門相談員だけで収集することは困難ですし、掲げた目標に向けて生活をするための課題を福祉用具のみで解決するわけではありません。必要な介護サービス、そしてインフォーマルサービスを含めてアセスメントしているケアプランの共有なしに福祉用具の選定はできません。生活全般における課題や福祉用具の利用目標を設定するためにはケアマネジャーと情報の共有、目標の共有が必要です。

　筆者が薦めている情報共有の仕方は同行訪問です。利用者の想い・家族の想い・何に困っているか・今後どのような生活をしたいと思っているか・家族構成・病前の生活・経済状況等々、福祉用具を選定するためには心身機能・ＡＤＬなど以外に必要な情報を持っているのはケアマネジャーです。そしてケアマネジャーと福祉用具専門相談員が一緒になって目標設定し、福祉用具で解決できることを福祉用具専門相談員もケアマネジャーに情報提供しなければ、利用者の希望する今後の生活を叶えることはできませ

ん。福祉用具導入後も希望された生活ができているか、間違った使い方をしていないかなどを確認するのも共同作業で行った方が確かです。利用者の訴える内容が、相手によって異なることは多く見られますが、それは話しやすい相手と話しにくい相手がいるからとも考えられます。こういったことからも、共同での確認を推奨します。

　例えば退院時、入院中の担当理学療法士から提案された住宅改修や福祉用具のプランに対して、「リハビリの先生が薦めてくれたのだけど、断ることができなくて」という利用者が多くいるのではないでしょうか。そこで、ケアマネジャーと福祉用具専門相談員が利用者の気持ちの再確認、目標の再設定を行い、計画の立案という流れ（下記）になると思います。この時こそ利用者の気持ちに沿った提案をするために、ケアマネジャーと福祉用具専門相談員がお互いに知恵を出し合って、アセスメントを行い、利用計画作成を行うことが求められます。

　ケアマネジャーと福祉用具専門相談員の情報の共有化が福祉用具を使用したケアプランと福祉用具サービス計画を成功させることができるかどうかのカギとなっているのです。

---

①**困りごとを聴く**：主訴・困りごと・希望＝主観的情報（subject）

②**利用者の状態を聴く**：年齢・性別・家族構成・疾患名・症状・ADL・要介護度・家屋情報もしくは使用場所の情報…等＝客観的情報（object）

③**考察**：分析・方針付け＝アセスメント（Assessment）

④**計画**：福祉用具・住宅改修のプラン＝仮説（plan）

　それでは、福祉用具導入の際のアセスメントの方法を説明します。まず、「福祉用具導入や住宅改修を行いたい」「必要」と思われる状態になったのは、心身機能の低下により、日常生活が不便

になってきたことが原因です。その心身機能の低下の原因と思われる疾病や状態を把握し、日常の生活環境と生活範囲を確認するために、利用者の方が「困っていること」「不便になってきていることや解決したいこと、したい生活」という、主訴等主観的情報をまず把握していきます。

　次に、原因と思われる疾患や症状を把握するだけでなく、利用者本人の方の生活状況等を確認していきます。

　具体的には、利用者自身のこととして、年齢（生年月日）、性別、家族構成、既往歴、現病歴（疾患名）、症状、ADL、要介護度、身体障害者等級、障害高齢者日常生活自立度、認知症高齢者日常生活自立度、家屋状況等になり、これらの情報は客観的情報になります。必要に応じてより詳しく把握する必要がありますがその例として、車いすを選定する場合には本人の身体寸法である、

図4 **身体寸法計測**

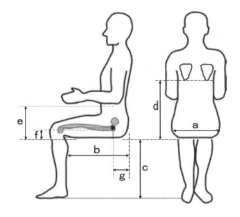

出典：『福祉用具シリーズ Vol.24 小児から高齢者まで使える 車椅子を知るためのシーティング入門』公益財団法人テクノエイド協会、2019 年（一部修正）

　　a：座位臀幅

　　b：座底長

　　c：座位下腿長

　　d：座位肩甲骨下角高

　　e：座位肘頭高（ 図4 ）

を確認し、車いすの仕様については簡易座位能力分類（ 図5 ）を測ります。クッションやマットレスを選定するためには、OHスケール（ 図6 ）を確認することにより褥瘡のリスクとそのリスクに応じた適切なクッションやマットレスを選定していきます。

　これらの客観的な情報と本人や家族の希望している生活を踏まえて分析し、優先順位をつけて方針付けを行うのがアセスメントになります。

図5 Hoffar の座位能力分類（JSSC 版）

1. 手の支持なしで座位可能　　2. 手の支持で座位可能　　3. 座位不能
   30 秒以上　　　　　　　　　　30 秒以上

出典：『福祉用具シリーズ Vol.24 小児から高齢者まで使える 車椅子を知るためのシーティング入門』公益財団法人テクノエイド協会、2019 年（一部修正）

図6 OH スケール

危険要因		点数
自力体位変換能力	できる	0
	どちらでもない	1.5
	できない	3
病的骨突出	なし	0
	軽度・中等度	1.5
	高度	3
浮腫	なし	0
	あり	3
関節拘縮	なし	0
	あり	1

出典：堀田予防医学研究所 HP

6 福祉用具専門相談員による計画の実行とモニタリング

　福祉用具サービス計画の実行は PDCA サイクルの D（実行・導入・調整・修正）になります。福祉用具を単に運んで設置するのではなく、利用計画が達成されるように設置するときに調整したり、修正したりします。

　そしてその導入後、利用計画が達成されたか・一部達成されたか・未達成か、その原因はどこにあるのか、また、現在の心身の状況や精神的な状況、介護環境が変化したかにより、計画を継続するか、新たなニーズを発見した場合ケアプランを含めて今後打合せが必要かなどを考えます。このようにモニタリングのときには、導入時よりもアセスメントが必要になることがあります。それに伴い、福祉用具専門相談員は、モニタリング時よりケアマネジャーと連携が求められます。福祉用具専門相談員のモニタリングの頻度よりもケアマネジャーのモニタリングの頻度が多く、

月々の変化を確認することができるのもケアマネジャーです。

　福祉用具専門相談員から見たモニタリングという一方向からのモニタリングでなく、ケアマネジャーの視点から見たモニタリングを共同で行うことの方が、その後の福祉用具を使用した生活のアセスメントを行う時の目標設定に生かすことができます。

　特に身体状況や精神的に向上がみられたときや身体的・精神的に不安定になってきたとき、家族の状態が不安定になってきたときは、より福祉用具を必要としている状態かもしれません。また、サービス担当者会議を開いて各サービス事業者からの情報が必要になることも多く、要介護認定の区分変更申請も必要かもしれません。

　同行訪問ができなくてもお互いのモニタリング時の変化について情報交換し、福祉用具専門相談員からケアマネジャーは報告を受け、詳しく利用者の状態を確認、再アセスメントにつなぐことができると良いでしょう。

コラム④　停電時のエアマットレス

　災害時などに起きる停電でエアマットレスは空気が抜けてしまうのではないか、と思われる人もいるでしょう。最新のエアマットレスは空気漏れを防ぐ電磁弁を使用していて、約14日間底づきしにくくなっています。旧タイプの場合は送風チューブを折り曲げてガムテープなどでしっかりと止めると、機種によっては2日から7日間底づきを防ぐことができます。しかし、停電中は圧の切り替えをしないので2時間から3時間に1回は体位変換されるとよいでしょう。

　エアマットレスを使用している人は吸引機や吸入器（ネブライザー）などを使用している人が多く、様々な対応の説明を聞いていると混乱してしまうことが考えられます。家族やケアマネジャーが慌てずに福祉用具貸与事業の方と連絡を取って対応することで、一つでも安心してもらえると良いでしょう。

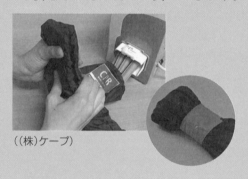

（(株)ケープ）

Ⅲ ケアプランにおける 福祉用具の位置づけ

1 福祉用具の役割

(1) 福祉用具の役割と、そして「人としての欲求」とは

　福祉用具というのは、心身状況の低下により不便になってきた日常生活の便宜を図るものです。自立の促進・介護負担の軽減と介護保険では言われますが、自立の意味として「自律」と「自立」があります。「自律」というのは、他からの支配・制約などを受けずに、「自分自身で立てた規範に従って行動すること」（デジタル大辞泉より）。すなわち、自分自身の判断で決めることになります。人に手伝ってもらっても自分自身で決定することが重要で、少しでも自分でできるということは、人に手伝ってもらうことが少なくなり、自分自身の意志を示すことになります。

　時々見かける光景ですが、例えば特養やデイサービス等で車いすに乗っている利用者を、ケアスタッフが介助でデイルームまで移動してきたとき、スタッフが別の人に呼ばれ、利用者をデイルームに停めて出て行ったとします。利用者は窓の方を向いた状態で待たされ、いつスタッフが来てくれるのか？このまま待っていればいいのか？段々トイレに行きたくなってきたけれど……？と不安になり、そわそわしているところを見たことがありませんか。利用者に方向転換する方法を教えていたならば、介助式ではなく自走式の車いすだったならば、利用者はケアスタッフが見え

る方に車いすを操作して待っていることができたでしょう。

　すべての操作ができなくても少しでも自分で方向転換することができれば、自分自身で車いすの向きを変えてスタッフのことを待つことができたり、トイレに行きたくなったときにスタッフに声をかけることができる状態で待つことができたりと意志を持って行動することができるのです。

　もう一つ車いすの例です。

　指が変形していてハンドリムを握ることができない要介護４の利用者が、通常はティルト・リクライニング式車いすで生活し、食事や家族とちょっとした買い物に行っていました。サービス担当者会議のときには様々なサービス事業所の職員が出席し、本人・家族以外に７〜８人の職員が集まります。各事業所の職員が挨拶や報告をするとき、「ティルト・リクライニング式車いすでは自分で操作することができないので顔を見て話を聞くことができない」と言っていました。この利用者は自費で簡易電動車いす（ジョイスティックタイプ）を持っていたので、サービス担当者会議のときは各職員の顔を見ることができるように、必ずこの簡易電動車いすに乗って会議に参加していました。

　このように「何が自分でできるのか」ということから、「少しでも自分でしたい」ということを引き出すことができるのが「福祉用具」ではないでしょうか。

　福祉用具の役割を考えるとき、「人」について考えてみたいと思います。

　人の特徴として、手を使うことができる・口を使って話をすることができる・重力に適応して移動することができる、という３つの特徴があります。また、動物と同様じっとしていることはできません。特に子供は歩くことよりも走ることの方が好きです。

高齢になってきたからといっても、外に出ないでずっと家の中にいてはストレスが溜まってしまいます。外に出なくてもだれか人と話をするだけでも気持ちは変わります。一人で食べる食事はとても寂しいですし、食欲も落ちてしまうでしょう。それは、人として誰かと話をしたい、どこかに行きたい、自分で手を使って何かをしたい、という欲求があるからなのです。

人としての欲求を満たすことができるものが福祉用具であり、福祉用具にはそのための身体機能の補完という役割があるのです。

人としての欲求を満たすというニーズからみて、福祉用具をケアプランに位置付けるということを考えてみましょう。ニーズを考えた場合に思い描くのが「必要性」になりますが、医療職のようなニーズだと「○○してはいけない」「○○しなければならない」というように、抑制や制限、強制になることが多くみられます。それは押しつけであって本人の意志や希望に沿ったものではなくなってしまうことがあります。

ニーズというのは必要ではありますが押し付けられた必要性ではなく、「自分の意志でしたくなることを引き出すこと」という側面から考えたいものです。「本人の気付かない希望」に結びつくことこそがニーズになると思います。東畠弘子先生（国際医療福祉大学大学院教授）は、講演の中でもたびたび「ニーズとは利用者の意志を引き出し、その思いを実現すること」と言っています。

その意味で、福祉用具はケアプラン作成上一番最初に必要とされるものであり、「福祉用具を使用すると一人で○○ができる」、「福祉用具を使用し人に手伝ってもらうと○○ができる」ということに本人に気付いてもらうことを意識して、利用者と一緒にどのような生活を送ることができるかを考えてもらいたいと思います。

(2) 利用者にとって福祉用具とは

　利用者は福祉用具に馴染みがありません。場合によっては使いたくないと思っています。その福祉用具を使ってもらうための考え方として、一般的に商品を検討するときから考えてみましょう。

○第１段階　商品を知らない状態
　商品を知らないので、その商品の必要性にも気づいていない。
○第２段階　商品に気付いて使うか検討している状態
　大まかに商品を知っていてその商品等を使ってみようと思っているが、まだ商品知識がなく決心がついていない。
○第３段階　商品購入準備段階
　商品を買うことを検討しており、それぞれの商品のメリットデメリットの情報を欲しがっている。

　この段階を経て私たちは買い物をするために商品情報を集めたり、買い物をしたりしています。家電量販店でジューサーがいいか、ミキサーがいいか、フードプロセッサーがいいか悩んでいる場面を想像してみてください。ジューサーとミキサーとフードプロセッサーの違いもよくわからない状態のときに、ミキサーを薦められ、さらにある一つの商品の特徴やメリットを説明されたとき、そのお店で購入しようと思うでしょうか。
　掃除機や洗濯機が壊れてしまい、自分の欲しい商品に対してある程度知識や希望がある場合でしたら、商品を絞って特徴などを説明してもらっても理解できます。
　ジューサーやミキサーで悩んでいるときは、第１段階の商品を知らない場合。掃除機や洗濯機というように希望する商品がある

程度定まっているときは、第３段階の商品購入準備段階。それぞれの段階に合わせた説明が必要ですし、その説明によって本人は第２段階や第３段階に進み、商品の購入という流れになるのです。

福祉用具も同様、どのような福祉用具があるのか、その福祉用具を使用して何が便利になるのかイメージができない段階のときに、詳しく商品を説明するのでなく、各段階を踏まえてケアマネジャーと福祉用具専門相談員が一緒に説明すると良いでしょう。ケアマネジャーの方が商品知識がない場合、利用者の立場に立って福祉用具専門相談員の説明を聞きながら、どのような人が対象者で、何が便利になるのか、使いこなすときに何に気をつけたら良いのかなどを、利用者と一緒に聞いて納得できるかどうかも一つの判断材料になるかもしれません。

２ 福祉用具サービス計画書を知る

福祉用具を利用するときは、福祉用具専門相談員は福祉用具サービス計画書を使用して説明します。

ここでは福祉用具サービス計画書に何が書かれているかを簡単に解説しますので、実際の場面で利用者の方と一緒に説明を聞くと良いでしょう。

福祉用具に関しては、2012 年に福祉用具サービス計画の作成が義務化され、2018 年から「福祉用具専門相談員が、貸与しようとする商品の特徴や貸与価格に加え、当該商品の全国平均価格等を利用者に説明することや（10 月実施）、機能や価格帯の異なる複数の商品を提示すること（4 月実施）」が義務付けられることとなりました。

この書式と記入例を紹介しながら、福祉用具を選定する目的やモニタリングで何を行うかを説明します。

福祉用具サービス計画書には、基本情報（図7）、選定提案（図8）、利用計画（図9）、モニタリング（図10）という4種類の書類があります（全国福祉用具専門相談員協会HPより）。

　これらの書類は、選定理由に繋がる根拠となる情報を「基本情報」に整理して、「選定提案」を用いて複数の機種の提案や価格の説明を行い、「利用計画」において利用者が「価格の説明、複数機種の提案を受け、利用計画に同意した」のち、利用者の署名、捺印を得た上で、3点を利用者に交付し、あわせてケアマネジャーにも交付することとしています。そしてケアプランと福祉用具サービス計画書の項目との関連性という点では、福祉用具サービス計画は、ケアマネジャーのアセスメントで明確となった利用者の「生活全般の解決すべき課題（ニーズ）」に対し、どのような福祉用具を利用し、どのような方法でそれを解決していこうとするのか、どのような生活を目指していくのかを明確にするものとなっています。

③ 計画書を見るケアマネジャーがやるべきこと、確認すべきポイント

　福祉用具サービス計画の書き方を事例をもとに説明していきます。

　基本情報・選定提案・利用計画・モニタリングシート、それぞれの書類の意味と基本情報・選定提案・利用計画の関連性を知ることにより、福祉用具が必要な理由と選定された福祉用具でどの動作ができるようになるのか、その動作ができるようになるとどのような生活を送ることができるのかを確認してください。

　またモニタリングでは、福祉用具導入後目的が達成されたかどうかだけでなく、心身状況の変化・介護環境の変化が見られたかどうか、モニタリングに対して福祉用具専門相談員は総合評価と

してどのように考えているか、変化があった場合きちんと報告を
してくれたかどうか、などお互いに信頼できる関係かどうかの確
認にもなることでしょう。

　モニタリングシートを使用して報告・連絡し合うことでお互い
を評価し、信頼関係を築いていくことができると良いでしょう。
ケアマネジャーも福祉用具専門相談員も、お互いのサービス計画
を見て批判することがあると思いますが、批判することが目的で
はなく、お互いにより良い計画を立てることが目的です。自分な
りの書き方をし続けるのではなく、お互いがわかるように、わか
らない時には意見を言い、聞きたいことを聞く。聞かれたらきち
んと説明することで、お互いを理解することができる良い計画書
が作成されるようになります。お互いが理解できなければ、利用
者も理解することはできないでしょう。ケアマネジャーと福祉用
具専門相談員の信頼できる関係づくりは、利用者との信頼できる
関係づくりにつながるのではないでしょうか。

※ 図7 ～ 図22 は、一般社団法人全国福祉用具専門相談員協会の様
　式に記入しています。

図7 福祉用具サービス計画書（基本情報）

福祉用具サービス計画書（基本情報）

管理番号					
作成日					
福祉用具専門相談員名					

フリガナ		性別	生年月日	年齢	要介護度	認定期間
利用者名	A　様		S○○年9月15日	75	3	平成○○年○○月○○日 ～ 平成○○年○○月○日
住所					TEL	
居宅介護支援事業所	おといた居宅介護支援事業所				担当ケアマネジャー	N

相談内容

相談者	N		利用者との続柄	ケアマネジャー	相談日	○月○日

半年間に自宅内で転倒し、左大腿骨頚部骨折にて○病院入院し、CHS術を受けた事例です。退院に向けて特殊寝台や歩行補助用具及び車いすの選定をしてほしい。

ケアマネジャーとの相談記録	病院では片松葉杖で病棟内歩行していますが、屋外歩行は困難で車いすを使用した方が良いということです。今後ですが、来週病院に同行していただき、再来週にカンファレンスを行う予定です。	ケアマネジャーとの相談日 ○月○日

身体状況・ADL　（ ○ 年 ○ 月 ）現在

身長	155 cm	体重	50 kg
寝返り	□つかまらないでできる ■何かにつかまればできる	□一部介助	□できない
起き上がり	□つかまらないでできる ■何かにつかまればできる	□一部介助	□できない
立ち上がり	□つかまらないでできる ■何かにつかまればできる	□一部介助	□できない
移乗	□自立（介助なし） ■見守り等	□一部介助	□全介助
座位	□できる ■自分の手で支えればできる	□支えてもらえればできる	□できない
屋内歩行	□つかまらないでできる ■何かにつかまればできる	□一部介助	□できない
屋外歩行	□つかまらないでできる □何かにつかまればできる	■一部介助	□できない
移動	□自立（介助なし） ■見守り等	□一部介助	□全介助
排泄	■自立（介助なし） □見守り等	□一部介助	□全介助
入浴	□自立（介助なし） □見守り等	■一部介助	□全介助
食事	■自立（介助なし） □見守り等	□一部介助	□全介助
更衣	■自立（介助なし） □見守り等	□一部介助	□全介助
意思の伝達	■意思を他者に伝達できる	□ときどき伝達できる □ほとんど伝達できない	□伝達できない
視覚・聴覚	問題なし		

疾病	左大腿骨頚部骨折術後(CHS術)
麻痺・筋力低下	左下肢筋力低下あり
障害日常生活自立度	A2
認知症の日常生活自立度	自立
特記事項	左股関節と左膝関節に軽度拘縮あり

介護環境

家族構成/主介護者	独居（長女は他県在住）		
他のサービス利用状況	訪問介護	デイケア	訪問診療
利用している福祉用具	シルバーカー（在宅にて） 3モーターベッド、松葉杖、車いす（病院内にて）		
特記事項	長女による介護は難しい		

意欲・意向等

■ 利用者から確認できた	□ 利用者から確認できなかった

利用者の意欲・意向,今困っていること(福祉用具で期待することなど)	福祉用具を利用して、できるだけ一人で生活したいです。必要に応じて手すり等の設置もお願いしたいです。

居宅サービス計画

利用者及び家族の生活に対する意向	利用者	退院直後はできるだけ無理をしないで生活したいと思いますが、できれば買い物など一人でできるようになりたいです。
	家族	母の思い通りにしてあげたい。
総合的な援助方針		左大腿骨頚部骨折の手術も無事終わり、リハビリに励んでいらっしゃいますので、退院後も継続してリハビリを行って、機能の維持改善に努めます。 ヘルパーと福祉用具を利用して家の中の生活を自立し、落ち着いたら住宅改修等を行い、生活範囲の拡大を行いたいと思います。

住環境

□ 戸建
■ 集合住宅（ 3 階 ）
（ エレベーター　■ 有　　□ 無 ）

例：段差の有無など

・集合住宅の3階
・玄関上がり框段差20cm、廊下と和室5cm、廊下とトイレに5cmの段差あり。脱衣室と浴室に10cm段差あり。
・居室内に箪笥が多くベッドの配置に工夫が必要と思われます。
・今後落ち着いたら住宅改修等をしていく予定

一般社団法人 全国福祉用具専門相談員協会（30版 基本情報）

図8 福祉用具サービス計画書（選定提案）

福祉用具サービス計画書(選定提案)

管理番号	
説明日	
説明担当者	

フリガナ			性別		生年月日		年齢	要介護度		認定期間
利用者名	A	様	S	○○ 年 9 月 15 日		75	3	年 月 日～ 年 月 日

居宅介護支援事業所	おといた居宅介護支援事業所	担当ケアマネジャー	N

※	福祉用具が必要な理由（※）
1	「できるだけ一人で家の中を移動したい」ので歩行補助杖を利用します。
2	「股関節と膝に負担をかけないで、一人で寝起きできるようにしたい」ので特殊寝台・付属品を利用します。
3	「数歩や買い物を一人でできるようになりたい」ので車いすで外出できるようにします。

貸与を提案する福祉用具 （ 1 ／ 1 枚）

（※）との対応	種目／提案品目（商品名）／機種（型式）／TAISコード	貸与価格（円）／全国平均貸与価格（円）	提案する理由	【説明方法】カタログ Webページ TAISページ 実物 等	採否
1	歩行補助杖／アルミ製松葉杖／◇○−○○	1000／1200	左足を手術して力が入らないので、病院で訓練に使用していたものと同様のアルミ製の松葉杖です。	実物	×
1	歩行補助杖／ロフストランド杖／△○−○○	1000／900	病院で訓練に使用していたものと同等に体重をかけることができるように腕の支えと脚にグリップがついた杖です。	実物	○
2	特殊寝台／介護用ベッド◇◇3モーター／◇◇−○◇	10000／11000	起き上がりや立ち上がりがしやすいよう背上げ機能と高さ昇降機能が付き、股関節と膝関節を曲げてお休みになる時、股関節と膝の関節それぞれの角度に調整できるタイプの機種です。	カタログ	○
2	特殊寝台／介護用ベッド□□2モーター／◇◇−△◇	9000／9500	起き上がりや立ち上がりがしやすいよう背上げ機能と高さ昇降機能が付き、お休みになる時、自動的に股関節と膝の関節が曲がるタイプの機種です。	カタログ	×
2	特殊寝台付属品／サイドレール／○○-□◇	480／330	寝具と身体の転落を防ぐために標準的な長さで、上記介護用ベッド△△対応の機種です。	カタログ	○
2	特殊寝台付属品／サイドレール／○◇−○◇	500／440	寝具と身体の転落を防ぐためロングサイズの長さで、上記ベッド対応の機種です。	カタログ	×
2	特殊寝台付属品／マットレス／△△-▽△	2800／2750	起き上がりのときなど適切な反発性で動きやすく、端座位の時安定しやすいサイドがやや硬い素材でできている機種です。	カタログ	○
2	特殊寝台付属品／マットレス／△△-▽○	2800／2900	寝返りや起き上がりの時に身体が沈み込まない、やや硬めのマットレスです。	カタログ	×
3	車いす／自走用車いす／◇○−○○	6000／5500	左股関節と膝関節の拘縮に合わせて調整でき、自分で漕ぎやすいタイヤの大きさで、パンクしないタイプの車いすです。	カタログ	○
3	車いす／自走用車いす／○○-○◇	6500／6700	お一人で操作するとき、両手でこぎやすく、体形に合わせた幅の車いすです。	実物	×

一般社団法人 全国福祉用具専門相談員協会（30版 選定提案）

図9 福祉用具サービス計画書（利用計画）

福祉用具サービス計画書(利用計画)

管理番号 □

フリガナ		性別	生年月日	年齢	要介護度	認定期間		
利用者名	A 様	女	S 17年9月15日	75	3	○○	～	○○

居宅介護支援事業所	おといた居宅介護支援事業所	担当ケアマネジャー	N

生活全般の解決すべき課題・ニーズ （福祉用具が必要な理由）	福祉用具利用目標
1 一人で家の中を移動したい。	杖を使用して一人で家の中を歩いて移動することができる。
2 股関節と膝に負担をかけないで、一人で寝起きできるようにしたい。	特殊寝台を利用して、股関節と膝関節に負担をかけないで寝ることと、起き上がりや立ち上がる事ができる。
3 散歩や買い物をしたい。	車いすを利用して、ヘルパーの方と一緒に散歩や買い物をすることができる。

選定福祉用具（レンタル・販売）

（1／1枚）

	品目 機種（型式）	単位数	選定理由
①	歩行補助杖 ロフストランド杖	100	左大腿骨頸部骨折にて左足を手術して力が入らないので、病院で訓練に使用していたものと同等に体重をかけることができるように膝の支えと脚にグリップがつき、さらに家の中で取り扱いしやすい杖を選定しました。
②	特殊寝台 介護用ベッド◇◇3モーター	1000	起き上がりや立ち上がりがしやすいような背上げ機能と高さ昇降機能が付き、股関節と膝関節に拘縮があるので、お休みになる時、両方の関節の角度をそれぞれ調整することができるタイプの機種を選定しました。
③	特殊寝台付属品 サイドレール	48	寝具と身体の転落を防ぐために標準的な長さで上記介護用ベッド△△対応のものを選定しました。
④	特殊寝台付属品 マットレス	280	左大腿骨頸部骨折で寝返りや起き上がりの時、適度な反発性で動きやすく、端座位の時安定しやすいサイドがやや硬い素材でできているタイプのマットレスを選定しました。
⑤	車いす 自走用車いす	600	左股関節と膝関節の拘縮に合わせて調整でき、自分で漕ぎやすいタイヤの大きさで、パンクしないタイプの車いすを選定しました。
⑥			
⑦			
⑧			

留意事項	①ロフストランド杖の長さは調整していますが、不具合がありましたら再度調整いたしますのでご連絡下さい。 ②ベッドから立ち上がる時、もう少し立ち上がりやすくしたい場合にはリモコンの「たかさ」というところの「上がる」というボタンを押して調整してください。また、お休みになる時など低くしたいという場合は「下がる」というボタンを押して調整してください。 ③ベッドの下にゴミ箱等があると、ベッドを下げた時に傾いたりモーターの故障の原因になりますので、ベッド下にはものを置かないようにしてください。 ④車いすに座ったり、車いすから立ち上がる時は、必ず足載せ台を跳ね上げ、ブレーキをかけて行ってください。 また坂道昇降の時介助される方は、昇る時は前進、降りる時は坂の上の方を向いてバックで降りるようにしてください。

■ 私は、貸与の候補となる福祉用具の全国平均貸与価格等の説明を受けました。	日付	○○ 年 ○ 月 ○ 日	
■ 私は、貸与の候補となる機能や価格の異なる複数の福祉用具の提示を受けました。	署名	A	印
■ 私は、福祉用具サービス計画の内容について説明を受け、内容に同意し、計画書の交付を受けました。	（続柄）代筆者名	（ ）	印

事業所名	板橋事務所		福祉用具専門相談員	K	
住 所	■■	TEL ○○-○○○○-○○○○		FAX ○○-○○○○-○○○○	

一般社団法人 全国福祉用具専門相談員協会（30版 利用計画）

図 10 モニタリングシート（訪問確認書）

<table>
<tr><td rowspan="2">モニタリングシート
（訪問確認書）</td><td colspan="4">管理番号　　　　　　　　　　　　　（　／　　枚）</td></tr>
</table>

管理番号		（　／　　枚）
モニタリング実施日	年	月　　　日
前回実施日	年	月　　　日
お話を伺った人	□ 利用者　□ 家族　　□ 他（　　）	
確認手段	□ 訪問　　□ 電話	
事業所名		
福祉用具専門相談員		
事業所住所		
TEL		

フリガナ		居宅介護支援事業所	おといた居宅介護支援事業所	担当 ケアマネジャー	N
利用者名	A　　　様	要介護度	3　　認定期間　○○　〜　○○		

福祉用具利用目標		目標達成状況	
		達成度	詳細
1	杖を使用して一人で家の中を歩いて移動することができる。	■ 達成 □ 一部達成 □ 未達成	廊下や和室やトイレの段差も問題なく歩いていらっしゃいます。
2	特殊寝台を利用して、股関節と膝関節に負担をかけないで寝ることと、起き上がりや立ち上がる事ができる。	■ 達成 □ 一部達成 □ 未達成	夜間痛みなく寝ることができ、起き上がりや立ち上がりもしっかりとできていらっしゃいます。
3	車いすを利用して、ヘルパーの方と一緒に散歩や買い物をすることができる。	■ 達成 □ 一部達成 □ 未達成	コンビニまではヘルパーの方に押してもらい、お店の中はロフストランド杖で移動して買い物をされています。
4		□ 達成 □ 一部達成 □ 未達成	

	利用福祉用具(品目) 機種(型式)	利用開始日	利用状況の問題	点検結果	今後の方針	再検討の理由等
①	歩行補助杖 ロフストランド杖	○月○日	■ なし □ あり	■ 問題なし □ 問題あり	■ 継続 □ 再検討	痛みもなく家の中歩行されています。
②	特殊寝台 介護用べっど◇◇3モーター	○月○日	■ なし □ あり	■ 問題なし □ 問題あり	■ 継続 □ 再検討	異音・ネジの抜け等異常はありませんでした。
③	特殊寝台付属品 サイドレール	○月○日	■ なし □ あり	■ 問題なし □ 問題あり	■ 継続 □ 再検討	シーツ交換の時、ご自身で抜いた後差し込むことができず、外したままでいらっしゃいました。
④	特殊寝台付属品 マットレス	○月○日	■ なし □ あり	■ 問題なし □ 問題あり	■ 継続 □ 再検討	ヘタレ等異常ありませんでした。
⑤	車いす 自走用車いす	○月○日	■ なし □ あり	■ 問題なし □ 問題あり	■ 継続 □ 再検討	ブレーキの利き具合、ねじのゆるみ等問題ありませんでした。毎回外出されるのを楽しみにされています。
⑥			□ なし □ あり	□ 問題なし □ 問題あり	□ 継続 □ 再検討	
⑦			□ なし □ あり	□ 問題なし □ 問題あり	□ 継続 □ 再検討	
⑧			□ なし □ あり	□ 問題なし □ 問題あり	□ 継続 □ 再検討	

利用者等の変化					
身体状況・ADLの変化	□ なし ■ あり	徐々に関節の痛みも改善し、動きも良くなっているということでした。	介護環境① (家族の状況)の変化	□ なし □ あり	娘さんも時々様子を見に来てくれていますが、安心していらっしゃいます。
意欲・意向等の変化	□ なし ■ あり	大好きなスイーツを買うのを楽しみにされています。少しずつロフストランド杖で外を歩きたいということでした。	介護環境② (サービス利用等)・住環境の変化	□ なし □ あり	

総合評価		
福祉用具サービス計画の見直しの必要性	■ なし □ あり	身体状況も精神的にも安定され、家の中での生活は洗濯物を干したり取り込んだりということもできるようになられています。ロフストランド杖で外を歩きたいとおっしゃっていますので、通所リハビリの理学療法士の方とご相談されると良いと思います。その結果福祉用具の見直しが必要になりましたら、サービス担当者会議等で検討できたらと思います。

次回実施予定日	年　　　　月　　　　日

一般社団法人 全国福祉用具専門相談員協会（30版 訪問確認書）

⑴ 基本情報

　では、記入例をもとに説明します。

　Aさんは75歳の女性で要介護3です（図11）。ケアマネジャーのNさんから相談があったので、相談内容はNさんからの内容を記載しています。ケアマネジャーとの相談内容も同じ内容で「同上」としている場合もありますが、これからの予定等を記載してあるとわかりやすくなるため、ケアマネジャーは福祉用具専門相談員にしっかりと今後の見通しを伝えたほうが良いでしょう。

　その際に、ケアマネジャーから福祉用具専門相談員へ伝え方のポイントとしては、事前に収集した病院の医療相談員や理学療法士、作業療法士、看護師等の医療職から得た情報の中で、生活上注意しなければならない点や介護サービス上必要と思われる情報をきちんと伝えることです。例えば、「病院の看護師によると、歯磨きなどの整容は、病院では車いすで洗面所を使用し一人で行っているが、自宅ではベッド上もしくは車いす上でガーグルベースを使用する方が実用的とのこと」などです。また、退院時カンファレンスなどが開かれている場合、福祉用具専門相談員は、疾患から見た注意点や医療職からの視点など他職種の情報を「ケアマネジャーとの相談記録」の欄に明記しているので、ケアマネジャーも確認するようにしてください。

図11 基本情報①

<table>
<tr><td colspan="7" rowspan="2" style="text-align:center">福祉用具サービス計画書
（基本情報）</td><td>管理番号</td><td></td></tr>
<tr><td>作成日</td><td></td></tr>
<tr><td colspan="9"></td></tr>
</table>

フリガナ			性別	生年月日	年齢	要介護度	認定期間
利用者名	A	様		S○○年9月15日	75	3	平成○○年○○月○○日 ～ 平成○○年○○月○○日

住所		TEL	
居宅介護支援事業所	おといた居宅介護支援事業所	担当ケアマネジャー	N

相談内容	相談者	N	利用者との続柄	ケアマネジャー	相談日	○月○日

半年間に自宅内で転倒し、左大腿骨頸部骨折にて○病院入院し、CHS術を受けた事例です。退院に向けて特殊寝台や歩行補助用具及び車いすの選定をしてほしい。

ケアマネジャーとの相談記録	病院では片松葉杖で病棟内歩行していますが、屋外歩行は困難で車いすを使用した方が良いということです。今後ですが、来週病院に同行していただき、再来週にカンファレンスを行う予定です。	ケアマネジャーとの相談日 ○月○日

一般社団法人 全国福祉用具専門相談員協会（30版 基本情報）

　図12は身体状況やADLについての記載です。この図の項目のような評価方法で他職種が行っているわけではありません。例えば、入浴していない場合があります。その場合にはチェックをせず、特記事項のところに「入浴していない」と記載することもあります。座位が取れないという情報がある場合は、できないのか・一部介助なのか・全介助なのかを確認してチェックしています。移乗に関しては、病院でリフトを使用している場合には全介助にチェックして、特記事項に「リフト使用」などと記載されています。この基本情報が、ケアマネジャーが病院等から収集した状況と異なる場合は、福祉用具専門相談員に確認すると良いでしょう。というのも確認する人によって利用者の動作が異なることが多くみられるからです。「意志の伝達」は、認知症や失語症の利用者の状態も含めていますので、「耳が聞こえなくて会話が難しい」ばかりでなく、認知症の症状から意志が通じるか、失語症があってコミュニケーションが取れるかも確認が必要です。

図12 基本情報②

身体状況・ADL		（ 〇 年 〇 月 ）現在	
身長	155 cm	体重	50 kg
寝返り	☐ つかまらないでできる	■ 何かにつかまればできる	☐ 一部介助　☐ できない
起き上がり	☐ つかまらないでできる	■ 何かにつかまればできる	☐ 一部介助　☐ できない
立ち上がり	☐ つかまらないでできる	■ 何かにつかまればできる	☐ 一部介助　☐ できない
移乗	☐ 自立（介助なし）	■ 見守り等	☐ 一部介助　☐ 全介助
座位	☐ できる	■ 自分の手で支えればできる	☐ 支えてもらえればできる　☐ できない
屋内歩行	☐ つかまらないでできる	■ 何かにつかまればできる	☐ 一部介助　☐ できない
屋外歩行	☐ つかまらないでできる	☐ 何かにつかまればできる	■ 一部介助　☐ できない
移動	■ 自立（介助なし）	☐ 見守り等	☐ 一部介助　☐ 全介助
排泄	■ 自立（介助なし）	☐ 見守り等	☐ 一部介助　☐ 全介助
入浴	☐ 自立（介助なし）	☐ 見守り等	■ 一部介助　☐ 全介助
食事	■ 自立（介助なし）	☐ 見守り等	☐ 一部介助　☐ 全介助
更衣	■ 自立（介助なし）	☐ 見守り等	☐ 一部介助　☐ 全介助
意思の伝達	■ 意思を他者に伝達できる	☐ ときどき伝達できる	☐ ほとんど伝達できない　☐ 伝達できない
視覚・聴覚	問題なし		

一般社団法人 全国福祉用具専門相談員協会（30版 基本情報）

　図13の上の項目は本人に関する内容ですので、この特記事項は本人に関する特記事項です。「介護環境」の特記事項は、家族に関して必要なことを記載します。「他のサービス利用状況」の欄は、退院時等現在利用しているサービスだけでなく、退院後利用予定のサービスが記載されています。「利用している福祉用具」は、基本的には介護保険で利用できるものですが、T字杖やシルバーカー、義肢装具等補装具などが書かれている場合は利用者の状況がわかります。家では使用していなかったが、入院中など病院や施設へ移ってから利用しているものも記載している場合があるので、利用状況や使ったことがある福祉用具を知ることができ

図13 基本情報③

疾病	左大腿骨頚部骨折術後（CHS術）
麻痺・筋力低下	左下肢筋力低下あり
障害日常生活自立度	A2
認知症の日常生活自立度	自立
特記事項	左股関節と左膝関節に軽度拘縮あり

介護環境

家族構成/主介護者	独居（長女は他県在住）			
他のサービス利用状況	訪問介護	デイケア	訪問診療	
利用している福祉用具	シルバーカー（在宅にて） 3モーターベッド、松葉杖、車いす（病院内にて）			
特記事項	長女による介護は難しい			

意欲・意向等

利用者の意欲・意向,今困っていること（福祉用具で期待することなど）	■ 利用者から確認できた　□ 利用者から確認できなかった
	福祉用具を利用して、できるだけ一人で生活したいです。必要に応じて手すり等の設置もお願いしたいです。

一般社団法人 全国福祉用具専門相談員協会（30版 基本情報）

ます。

「意欲・意向等」の項目は、対面できなかったり、利用者が認知症や失語症の場合等、利用者から確認できなかったりしても家族から確認して記載されています。

図14の「居宅サービス計画」は、ケアマネジャーの居宅サービス計画書が転記されています。したがって、ケアマネジャーによる居宅サービス計画書（第1表、第2表）は、利用者・家族の意向をそれぞれ明確に記載し、利用者・家族が今後どのような支援を受けることができるのかがイメージできる文章にしましょう。住環境の段差の有無は記入例のように言葉でも記載されています

図 14 基本情報④

居宅サービス計画		
利用者及び家族の生活に対する意向	利用者	退院直後はできるだけ無理をしないで生活したいと思いますが、できれば買い物など一人でできるようになりたいです。
	家族	母の思い通りにしてあげたい。
総合的な援助方針		左大腿骨頚部骨折の手術も無事終わり、リハビリに励んでいらっしゃいますので、退院後も継続してリハビリを行って、機能の維持改善に努めます。 ヘルパーと福祉用具を利用して家の中の生活を自立し、落ち着いたら住宅改修等を行い、生活範囲の拡大を行いたいと思います。

住環境
□ 戸建
■ 集合住宅（ 3 階 ）
（ エレベーター ■有 □無 ）
例：段差の有無など
・集合住宅の3階 ・玄関上がり框段差20cm、廊下と和室5cm、廊下とトイレに5cmの段差あり。脱衣室と浴室に10cm段差あり。 ・居室内に箪笥が多くベッドの配置に工夫が必要と思われます。 ・今後落ち着いたら住宅改修等をしていく予定

一般社団法人 全国福祉用具専門相談員協会（30版 基本情報）

が、図面作成しているところは「添付資料参照」としている場合もあると思います。

　この基本情報は、利用者の主観的な情報とケアマネジャーの客観的な情報をもとにしています。そしてこの内容をもとに、福祉用具専門相談員は次に選定提案や利用計画を作成します。

(2)　選定提案

　図 15 の「福祉用具」が必要な理由については、「○○が必要です。」というような上から目線の書き方だと、利用者は断ることができなくなってしまいます。福祉用具サービス計画書は最終的に利用者に選んでもらうための説明を記録化したものです。記入例のように利用者が何のために福祉用具を選ぶのかをわかりやすくするため、ニーズを踏まえた希望的な書き方が推奨されています。

図15 選定提案①

\multicolumn{3}{l}{福祉用具サービス計画書(選定提案)}		管理番号	

フリガナ		性別	生年月日	年齢	要介護度	認定期間
利用者名	A　様		S ○○年 9 月 15 日	75	3	年 月 日～ 年 月 日
居宅介護支援事業所	\multicolumn{3}{c}{おといた居宅介護支援事業所}		担当ケアマネジャー	N

※	福祉用具が必要な理由(※)
1	「できるだけ一人で家の中を移動したい」ので歩行補助杖を利用します。
2	「股関節と膝に負担をかけないで、一人で寝起きできるようにしたい」ので特殊寝台・付属品を利用します。
3	「数歩や買い物を一人でできるようになりたい」ので車いすで外出できるようにします。

一般社団法人 全国福祉用具専門相談員協会(30版 選定提案)

　そして※の番号は次の 図16 の「貸与を提案する福祉用具」に対応して記載します。

　図16 に「貸与価格」と「全国平均貸与価格」が記載されていますが、単位数でなく価格ですので利用者は戸惑うかもしれません。提案種目ですが、例えば手すりやスロープなど複数品目をレンタルする場合、福祉用具専門相談員は同じものであっても複数提案しなければなりません。全国平均価格を記入しなければならないので型式よりも TAIS コードで書かれていることが多いと思います。例えば突っ張りタイプの手すりにグリップをつける場合、セットであれば同様のタイプを2種類提案すればよいのですが、突っ張りタイプの垂直型手すりにオプションのグリップそれぞれを一つずつ提案されている場合は突っ張りタイプの垂直型手すりを2種類提案、グリップを2種類提案という形になりますので合計4種類になります。

　「提案する理由」ですが、機能の異なるものや金額の異なるものを複数提案するようになりますので、利用者の状況に対して必要と思われる機能や仕様が記載されています。そして単なるカタログの説明文のコピーでなく、状態に対して利用者にわかりやす

く説明されているかどうかを、ケアマネジャーが利用者の様子を確認しながら聞くと良いでしょう。

　採否の項目は「採用」「不採用」／「○」「×」または「○」のみの場合もあります。

図16 選定提案②

貸与を提案する福祉用具					
(※)との対応	種目	貸与価格(円)	提案する理由	【説明方法】カタログ Webページ TAISページ 実物 等	採否
	提案品目(商品名)				
	機種(型式)／TAISコード	全国平均貸与価格(円)			
1	歩行補助杖	1000	左足を手術して力が入らないので、病院で訓練に使用していたものと同様のアルミ製の松葉杖です。	実物	×
	アルミ製松葉杖				
	◇○−○○	1200			
1	歩行補助杖	1000	病院で訓練に使用していたものと同等に体重をかけることができるように腕の支えと脚にグリップがついた杖です。	実物	○
	ロフストランド杖				
	△○−○○	900			
2	特殊寝台	10000	起き上がりや立ち上がりがしやすいよう背上げ機能と高さ昇降機能が付き、股関節と膝関節を曲げてお休みになる時、股関節と膝の関節それぞれの角度に調整できるタイプの機種です。	カタログ	○
	介護用ベッド◇◇3モーター				
	◇◇−○◇	11000			
2	特殊寝台	9000	起き上がりや立ち上がりがしやすいよう背上げ機能と高さ昇降機能が付き、お休みになる時、自動的に股関節と膝の関節が曲がるタイプの機種です。	カタログ	×
	介護用ベッド□□2モーター				
	◇◇−△◇	9500			
2	特殊寝台付属品	480	寝具と身体の転落を防ぐために標準的な長さで、上記介護用ベッド△△対応の機種です。	カタログ	○
	サイドレール				
	○○-□◇	330			
2	特殊寝台付属品	500	寝具と身体の転落を防ぐためロングサイズの長さで、上記ベッド対応の機種です。	カタログ	×
	サイドレール				
	○◇-○○	440			
2	特殊寝台付属品	2800	起き上りのときなど適切な反発性で動きやすく、端座位の時安定しやすいサイドがやや硬い素材でできている機種です。	カタログ	○
	マットレス				
	△△-▽△	2750			
2	特殊寝台付属品	2800	寝返りや起き上がりの時に身体が沈み込まない、やや硬めのマットレスです。	カタログ	×
	マットレス				
	△△-▽○	2900			
3	車いす	6000	左股関節と膝関節の拘縮に合わせて調整でき、自分で漕ぎやすいタイヤの大きさで、パンクしないタイプの車いすです。	カタログ	○
	自走用車いす				
	◇○−○○	5500			
3	車いす	6500	お一人で操作するとき、両手でこぎやすく、体形に合わせた幅の車いすです。	実物	×
	自走用車いす				
	○○-○◇	6700			

（1／1 枚）

一般社団法人 全国福祉用具専門相談員協会（30版 選定提案）

(3)　利用計画

　図17 は利用計画です。「生活全般の解決すべき課題・ニーズ」は、ケアプラン第2表と同じ項目です。ケアプランが転記されているか、ケアプランに沿って書かれていることが基本です。したがって、ケアプラン第2表では、第1表で明らかになった利用者・家族が望む生活のために障害となっている事柄やニーズを明確に書いておくことが大切です。福祉用具専門相談員がケアプランを受け取る前に福祉用具を搬入し、利用計画等の書類を利用者に確認する場合、後日受け取ったケアプランに沿っていないと書き換えることになります。そこで、福祉用具導入の際にはケアマネジャーと福祉用具専門相談員はできるだけ同行訪問し、必要な福祉用具の検討とその福祉用具でどのような生活を送ることができるようになるかを相談しておくと、そのときに「生活全般の解決すべき課題・ニーズ」を共有することができます。

　「福祉用具利用目標」は、「生活全般の解決すべき課題」をどの福祉用具で解決できるかということになります。したがって「生

図17 利用計画①

福祉用具サービス計画書(利用計画)							管理番号		

フリガナ			性別	生年月日	年齢	要介護度	認定期間		
利用者名	A	様	女	S 17年9月15日	75	3	○○	～	○○

居宅介護支援事業所	おといた居宅介護支援事業所	担当ケアマネジャー	N

	生活全般の解決すべき課題・ニーズ (福祉用具が必要な理由)	福祉用具利用目標
1	一人で家の中を移動したい。	杖を使用して一人で家の中を歩いて移動することができる。
2	股関節と膝に負担をかけないで、一人で寝起きできるようにしたい。	特殊寝台を利用して、股関節と膝関節に負担をかけないで寝ることと、起き上がりや立ち上る事ができる。
3	散歩や買い物をしたい。	車いすを利用して、ヘルパーの方と一緒に散歩や買い物をすることができる。

一般社団法人 全国福祉用具専門相談員協会(30版 利用計画)

活全般の解決すべき課題」は、「生活レベル」、「福祉用具利用目標」は「動作レベル」の内容になります。福祉用具で補完するのは筋力やバランス等の「動作レベル」です。例えば、「お風呂に入りたい」という生活レベルの課題に対して、お風呂に入ることができないのは下肢筋力低下により「浴槽をまたぐことができない」からという場合、動作的に浴槽用手すりを使用し、浴槽をまたぐことができるようになったとします。「お風呂に入りたい」という生活レベルの課題は、原因が「下肢筋力低下により浴槽またぎが困難である」という動作レベルの課題です。すなわち「浴槽用手すりを使用して浴槽をまたぐことができるようになる」が福祉用具利用目標となり、浴槽用手すりを使用して浴槽をまたぐことができるようになると、「お風呂に入りたい」という生活レベルの課題を解決することができる、ということです。

そのためには浴槽用手すりの中でもどのような機種が良いかという検討に入るのが、選定提案になります。Aさんの場合は、左大腿骨頚部骨折による術後で、下肢の筋力低下と関節拘縮があるので「家の中を一人で移動することが困難」です。家の中を一人で歩くことができるようになるためには、病院で使用していたのと同等に体重をかけることができるロフストランド杖を使用することで、家の中を歩いて移動して、台所も洗面所もトイレも寝室も行くことができ、家の中の生活を送ることができるようになるという流れになります。

図18 は機種を選定した理由です。貸与できる杖の中でも様々な種類があります。松葉杖、ロフストランド杖、四点杖の中でも、ロフストランド杖ですと前腕部を支えるカフがU字型のもの（オープンカフ）やO字型のもの（クローズドカフ）がありますし、四点杖の中でもベースが小さいもの、標準的なもの、大きいもの

図18 利用計画②

選定福祉用具（レンタル・販売）		選定理由
品目	**単位数**	
機種（型式）		
① 歩行補助杖	100	左大腿骨頚部骨折にて左足を手術して力が入らないので、病院で訓練に使用していたものと同等に体重をかけることができるように膝の支えと脚にグリップがつき、さらに家の中で取り扱いしやすい杖を選定しました。
ロフストランド杖		
② 特殊寝台	1000	起き上がりや立ち上がりがしやすい背上げ機能と高さ昇降機能が付き、股関節と膝関節に拘縮があるので、お休みになる時、両方の関節の角度をそれぞれ調整することができるタイプの機種を選定しました。
介護用ベッド◇◇3モーター		
③ 特殊寝台付属品	48	寝具と身体の転落を防ぐために標準的な長さで上記介護用ベッド△△対応のものを選定しました。
サイドレール		
④ 特殊寝台付属品	280	左大腿骨頚部骨折で寝返りや起き上がりの時、適度な反発性で動きやすく、端座位の時安定しやすいサイドがやや硬い素材でできているタイプのマットレスを選定しました。
マットレス		
⑤ 車いす	600	左股関節と膝関節の拘縮に合わせて調整でき、自分で漕ぎやすいタイヤの大きさで、パンクしないタイプの車いすを選定しました。
自走用車いす		
⑥		
⑦		
⑧		

一般社団法人 全国福祉用具専門相談員協会（30版 利用計画）

　があります。四点杖は基本的に杖を垂直について体重を支持するのが目的です。しかし、スモールベースの中に可動式のものがあり斜め突きできるタイプであれば支持力は弱くなりますが、T字杖よりも安定し、階段昇降時に使いやすいです。そしてどの機種を選ぶかの判断は利用者の身体状況、使用環境によって変わり、また介助者が使用する場合には、利用者の状態によっても変わるので、それらを踏まえて選定すると、選定理由としては「○○という状態なので、○○という機能（仕様）のものを選定しました」、「○○ができるよう○○という機能のものを選定しました」と書かれてあることが望ましいです。

図19の留意事項は使用する利用者や家族、ヘルパーに事故が起こらないよう注意してほしい内容と、ヒヤリハットを防ぐための注意事項になります。「注意してください」だけよりも、「○○という使い方をしてください」というように具体的に書いてあると利用者や家族は注意しやすくなります。

例えばAさんに車いすの乗り降りの仕方やヘルパーの散歩のときの操作方法について、「車いすに乗り降りするときは足を引っかけないよう注意してください」よりは、「車いすに座ったり、車いすから立ち上がる時は、必ず足載せ台（フットサポート）を跳ね上げ、ブレーキをかけて行ってください」という書き方の方がどのようにしたら良いかわかりやすいと思いますし、使用される人は初めて使うので取扱説明書を読んでもわかりません。ケアマネジャーは具体的に説明していただくよう福祉用具専門相談員にお願いしましょう。

図19 利用計画③

留意事項	①ロフストランド杖の長さは調整していますが、不具合がありましたら再度調整いたしますのでご連絡下さい。 ②ベッドから立ち上がる時、もう少し立ち上がりやすくしたい場合にはリモコンの「たかさ」というところの「上がる」というボタンを押して調整してください。また、お休みになる時など低くしたいという場合は「下がる」というボタンを押して調整してください。 ③ベッドの下にゴミ箱等があると、ベッドを下げた時に傾いたりモーターの故障の原因になりますので、ベッド下にはものを置かないようにしてください。 ④車いすに座ったり、車いすから立ち上がる時は、必ず足載せ台を跳ね上げ、ブレーキをかけて行ってください。 また坂道昇降の時介助される方は、昇る時は前進、降りる時は坂の上の方を向いてバックで降りるようにしてください。

■ 私は、貸与の候補となる福祉用具の全国平均貸与価格等の説明を受けました。		日付	○○ 年 ○ 月 ○ 日
■ 私は、貸与の候補となる機能や価格の異なる複数の福祉用具の提示を受けました。		署名	A 印
■ 私は、福祉用具サービス計画の内容について説明を受け、内容に同意し、計画書の交付を受けました。		(続柄)代筆者名	（　　　） 印
事業所名	板橋事務所	福祉用具専門相談員	K
住　所	■■	TEL ○○-○○○○-○○○○	FAX ○○-○○○○-○○○○

一般社団法人 全国福祉用具専門相談員協会（30版 利用計画）

⑷ モニタリングシート（訪問確認書）

　モニタリングは「確認すること」ですが福祉用具の導入で確認することというのは、第一に利用目標を達成することができたかどうかです。そして間違った使い方をしていないか、福祉用具に不具合（故障）がないかどうかです。ここで気を付けたいこと、意識したいことの一つが、貸与というのは中古品を扱うということです。車で考えるとわかりやすく、1年に一回定期点検を行い、ブレーキオイル、エンジンオイル、ワイパーゴム、タイヤ等消耗品は必要に応じて取り換えて使用しているということです。

　福祉用具も同様で、使用するのは高齢者であり、身体の具合が悪くなってきている人々です。年をとると目も悪くなり、耳も遠くなり、だんだん動きにくくなっている人が使うにあたって、点検・修理もきちんと行われる必要があります。

　福祉用具による事故の報告もしばしばみられます。経済産業省や消費者庁、国民生活センター等からベッドのサイドレールやベッド用手すりの挟まれ事故、電動カートの事故、入浴用いすの高さ調整ボタンのさびなども注意喚起されていますので、参考にしてください。モニタリングのときも含めてきちんと点検されているかに注意し、利用者が気付かなくてもケアマネジャーがモニタリングを行ったときに気付いたことがあったらすぐに福祉用具専門相談員に連絡すると、ヒヤリハットや事故を防ぐことができます。

　そして利用目標と福祉用具の確認だけでなく、利用者本人の身体状況・精神的な状態・介護している家族の状態・他の介護サービス等の状況を確認して、新たなニーズを発見することがモニタリングの役割です。

図20 モニタリング①

モニタリングシート **（訪問確認書）**		

管理番号			（　　／　　枚）
モニタリング実施日		年	月	日
前回実施日		年	月	日
お話を伺った人	□ 利用者　□ 家族　□ 他（　　）
確認手段	□ 訪問　　□ 電話
事業所名	
福祉用具専門相談員	
事業所住所	
TEL	

フリガナ		居宅介護支援事業所	おといた居宅介護支援事業所	担当 ケアマネジャー	N
利用者名	A　　　　様	要介護度	3	認定期間	○○　～　○○

	福祉用具利用目標	目標達成状況	
		達成度	詳細
1	杖を使用して一人で家の中を歩いて移動することができる。	■ 達成 □ 一部達成 □ 未達成	廊下と和室やトイレの段差も問題なく歩いていらっしゃいます。
2	特殊寝台を利用して、股関節と膝関節に負担をかけないで寝ることと、起き上がりや立ち上がる事ができる。	■ 達成 □ 一部達成 □ 未達成	夜間痛みなく寝ることができ、起き上がりや立ち上がりもしっかりとできていらっしゃいます。
3	車いすを利用して、ヘルパーの方と一緒に散歩や買い物をすることができる。	■ 達成 □ 一部達成 □ 未達成	コンビニまではヘルパーの方に押してもらい、お店の中はロフストランド杖で移動して買い物をされています。
4		□ 達成 □ 一部達成 □ 未達成	

一般社団法人 全国福祉用具専門相談員協会（30版 訪問確認書）

　図20 は「福祉用具利用目標」と「目標達成状況」です。「福祉用具利用目標」は福祉用具サービス計画書の利用計画に書かれている福祉用具利用目標が転記されており、達成状況が確認できます。一部達成や未達成の場合はどのような状況だったか必ず記載されていますが、達成していてもどのように使われているか、生活しているかの記載があると、振り返ったときに利用者の状況を把握しやすくなります。

　図21 は利用状況と点検結果を確認し、今後継続するか再検討が必要かの確認を行います。「再検討の理由等」というのは、再検討の場合だけ記載されるのではなく、利用上の問題があった場合や点検の結果不具合があったときに記載できるように「等」がついています。

図21 モニタリング②

利用福祉用具(品目)機種(型式)		利用開始日	利用状況の問題	点検結果	今後の方針	再検討の理由等
①	歩行補助杖	○月○日	■ なし	■ 問題なし	■ 継続	痛みもなく家の中歩行されています。
	ロフストランド杖		□ あり	□ 問題あり	□ 再検討	
②	特殊寝台	○月○日	■ なし	■ 問題なし	■ 継続	異音・ネジの抜け等異常はありませんでした。
	介護用べっど◇◇3モーター		□ あり	□ 問題あり	□ 再検討	
③	特殊寝台付属品	○月○日	□ なし	■ 問題なし	■ 継続	シーツ交換の時、ご自身で抜いた後差し込むことができず、外したままでいらっしゃいました。
	サイドレール		■ あり	□ 問題あり	□ 再検討	
④	特殊寝台付属品	○月○日	■ なし	■ 問題なし	■ 継続	ヘタレ等異常ありませんでした。
	マットレス		□ あり	□ 問題あり	□ 再検討	
⑤	車いす	○月○日	■ なし	■ 問題なし	■ 継続	ブレーキの利き具合、ねじのゆるみ等問題ありませんでした。毎回外出されるのを楽しみにされています。
	自走用車いす		□ あり	□ 問題あり	□ 再検討	
⑥			□ なし	□ 問題なし	□ 継続	
			□ あり	□ 問題あり	□ 再検討	
⑦			□ なし	□ 問題なし	□ 継続	
			□ あり	□ 問題あり	□ 再検討	
⑧			□ なし	□ 問題なし	□ 継続	
			□ あり	□ 問題あり	□ 再検討	

一般社団法人 全国福祉用具専門相談員協会（30版 訪問確認書）

　図22 は「利用者等の変化」と「総合評価」ですが、この「利用者等の変化」が新たなニーズの発見につながる重要な欄です。

　介護保険サービスの利用者は、何らかの形で心身状況が不安定になり日常生活が不安定になってきた人です。ですから、まず最初の目標は安定化することでしょう。原因が身体的なこともあれば精神的なことも含めて不安定なままですと、ニーズを解決することができていないので再度ニーズの把握が必要になります。

　安定化した場合には身体的な面と精神的な面からこのまま継続しますが、どの程度の期間継続していくかは利用者の状態によって変わると思います。

　状態がよくなった利用者は精神的にも意欲がわいてくるので、新たなニーズの検討が必要でしょう。そして本人ばかりでなく、家族が安定化したか、不安定になったかによってもニーズが変化しますので再検討が必要になります。

図22 モニタリング③

<table>
<tr><th colspan="7">利用者等の変化</th></tr>
<tr>
<td rowspan="2">身体状況・ADLの変化</td>
<td>□ なし</td>
<td rowspan="2">徐々に関節の痛みも改善し、動きも良くなっているということでした。</td>
<td rowspan="2">介護環境①（家族の状況）の変化</td>
<td>■ なし</td>
<td colspan="2" rowspan="2">娘さんも時々様子を見に来てくれていますが、安心していらっしゃいます。</td>
</tr>
<tr>
<td>■ あり</td>
<td>□ あり</td>
</tr>
<tr>
<td rowspan="2">意欲・意向等の変化</td>
<td>□ なし</td>
<td rowspan="2">大好きなスイーツを買うのを楽しみにされています。少しずつロフストランド杖で外を歩きたいということでした。</td>
<td rowspan="2">介護環境②（サービス利用等）・住環境の変化</td>
<td>■ なし</td>
<td colspan="2" rowspan="2"></td>
</tr>
<tr>
<td>■ あり</td>
<td>□ あり</td>
</tr>
<tr><th colspan="7">総合評価</th></tr>
<tr>
<td rowspan="2">福祉用具サービス計画の見直しの必要性</td>
<td>■ なし</td>
<td colspan="5" rowspan="2">身体状況も精神的にも安定され、家の中での生活は洗濯物を干したり取り込んだりということもできるようになられています。ロフストランド杖で外を歩きたいとおっしゃっていますので、通所リハビリの理学療法士の方とご相談されると良いと思います。その結果福祉用具の見直しが必要になりましたら、サービス担当者会議等で検討できたらと思います。</td>
</tr>
<tr>
<td>□ あり</td>
</tr>
<tr>
<td colspan="2">次回実施予定日</td>
<td>年</td>
<td>月</td>
<td colspan="3">日</td>
</tr>
</table>

一般社団法人 全国福祉用具専門相談員協会（30版 訪問確認書）

　状況の変化により利用サービスの変更も考えられます。例えば訪問看護の回数が増えたり、通所介護や通所リハビリの回数の変更に合わせてそのニーズに沿った福祉用具の見直しが必要です。

　さらに「総合評価」ですが、継続か見直しが必要かの検討をして記載されますが、福祉用具に関してここでプラン変更を行うところではありません。見直しが必要な場合は福祉用具専門相談員が再度基本情報を収集し、福祉用具の必要な理由を考えて複数提案し、利用者に選んでもらってから福祉用具の利用目標や福祉用具の選定理由等を記載します。そして、そのときは必ずケアマネジャーがケアプランを作成し、総合評価では「ケアマネジャーと相談して見直しが必要かどうかを検討します」ということを利用者に伝えることになります。

　例えば車いす上の姿勢が悪くなってきた場合、車いすの見直しと移乗方法の見直し、誤嚥の可能性がある場合は食事姿勢や食事の仕方の見直し、褥瘡のリスクがある場合はマットレスの見直しやポジショニングの必要性の確認、そして場合によっては区分変更申請もあるかもしれませんのでサービス担当者会議が必要になるかもしれません。ケアマネジャーは、福祉用具の見直しをするにあたって多（他）職種と連携をとる必要性があります。

モニタリングで利用目標が達成されているかどうかを、より具体的に内容を聞き取ると以下のことを確認することができます。

①生活の変化

例えば入浴であれば入浴回数や頻度が増える、入浴にかかる時間が短くなる、生活範囲であれば居室中心であったのが屋内での生活や外出する等生活範囲の広がりがみられるでしょう。しかし心身の状況により回数が減ったり、生活範囲が狭くなることもあるでしょう。

②使用状況の変化

使い勝手を工夫したり、悪く言えば我流の使い方をする場合があります。手すり等も自分で勝手に動かしてしまうことがあります。電動カートなどの場合、貸与計画作成時に踏切を通らないよう説明し、留意事項に記載しても踏切を渡ってしまう利用者もいます。打合せと違う使い方をしていないかなどの確認は事故を防ぐこと、ヒヤリハットに気付く手段になります。

③心身状況の変化

心身状況は向上・安定・不安定のいずれかに変化してきます。人により、また疾病や障害によりその速さは異なりますし、波の大きさも人それぞれです。大きな変化のときばかりでなく、少しの変化に気づいたときは事故を防ぐとともに、新しいニーズを把握する時期です。

④種目における事故や注意喚起

特殊寝台、電動四輪車、入浴用いす等の注意喚起を参考にして、ケアマネジャーと福祉用具専門相談員は家族とともに注意喚

起を行いましょう。危険そうなときは必要に応じて、医療職である理学療法士や作業療法士と連携し、安全確認を行うと良いでしょう。また、一般社団法人日本福祉用具供給協会や一般社団法人日本福祉用具・生活支援用具協会（JASPA）のホームページから重大事故情報を検索することができますので参考にしてください。経済産業省・消費者庁・国民生活センター等の情報を印刷して利用者に渡して理解してもらう等の方法もあると思います。

コラム⑤　トイレのアレコレ

◆ 洋式トイレのレバー

　洋式トイレのレバーの大と小を皆さんは大便と小便で分けていませんか？　実はその区別は、トイレットペーパーの使用の有無なのです。トイレットペーパーを多く使用する場合は「大」、トイレットペーパーを使用しない場合は「小」のスイッチを使用するように。すなわち「大」「小」は本来「多」「少」だったのです。節水を心掛けるだけでなく、詰まってしまわないようにする意図が込められています。

◆ 洋式トイレの水量

　トイレの「大」で流すとき必要な水量は約5L。断水や災害時等トイレの水を流したら2Lのペットボトル等でタンクに補充すると良いでしょう。タンクレスやお風呂の水を使用する場合は（髪の毛等がタンクに詰まる恐れがあるから）水をバケツに入れて、水はねに気を付けて便器中心をめがけて直接流すと良いでしょう。水を流せば汚物は流れていきます。

◆ 和式のトイレを知っていますか

　昔は汲み取り式トイレで定期的にバキュームカーに汲み取ってもらうタイプでしたが、この和式便

器は平らな床に埋め込んで施工されていました。江戸時代にはこの糞尿を農作物の肥料としても使うため、都市部の長屋などから糞尿を購入していたそうです。

汽車式トイレ（汽車便）は、列車に使われるしゃがみ型の便器で、女性が使用するときや男性が大便をするときは、一段上に上がってしゃがみこんで使用し、男性が小便をするときは下の段に立って使用する和式便器です。

どちらのトイレも最近は少なくなり、幼稚園や保育園、小学校なども洋式便器になっているので、和式便器の使い方を知らない子どもが多いのではないでしょうか。

そのぐらいトイレも変化してきています。同様にもっと杖や歩行器、車いすや介護用ベッドなども普及して、無理のない生活ができると良いですね。

4 福祉用具から見た PDCA サイクル

「Ⅱ　ケアマネジャーとしての福祉用具のかかわり方」の「5 福祉用具専門相談員によるアセスメントとケアマネジャー」で説明しましたがアセスメントを行う時の流れは、

> ①**困りごとを聴く**：主訴・困りごと・希望＝主観的情報（Subject）
> ②**利用者の状態を聴く**：年齢・性別・家族構成・疾患名・症状・ADL・要介護度・家屋情報もしくは使用場所の情報…等＝客観的情報（Object）
> ③**考察**：分析・方針付け＝アセスメント（Assessment）
> ④**計画**：福祉用具・住宅改修のプラン＝仮説（Plan）

の４段階を経て、導入～モニタリングのサイクルに入ります。

この時よく言われるのが PDCA サイクルという言葉です。PDCA サイクルとは、Plan（計画）、Do（実行）、Check（測定・評価）、Action（対策・改善）の頭文字を取ったもので、この流れで仮説・検証型プロセスを循環させ、マネジメントの品質を高めようとする概念です。それぞれを説明すると、

【**Plan**】**計画**⇒目標を達成するためのプランの作成⇒仮説
【**Do**】**実行・導入・調整・修正**⇒計画を実行に移してみた結果それが有効か確認
【**Check**】**評価**⇒目標が達成できているか⇒分析
【**Action**】**改善・変更**⇒継続・計画の変更・計画の中止の検討

であり、PDCA サイクルはモニタリングそのものになります。

すなわち大切なのは、利用計画というのは仮説であり、立てた仮説を実行するとき調整や修正を行います。その後モニタリング

で立てた仮説を評価・分析し、継続するか、変更するか、中止するかを検討し、変更や中止にするときには、新たなニーズが出現していると思われるので、基本情報の確認の後、アセスメントし分析していくというサイクルを言います。このモニタリングのところでPDCAサイクルの説明をしたのは、プランを立てることに重きを置き、導入後のモニタリングに対して軽視してはいないかという心配があるからです。モニタリングを行って目標が達成したかを確認するのは、かかわりのある介護サービス事業所みんなで行い、それぞれの立場で変化を見極め、ヒヤリハット等がないかも同様に確認することが必要です。

　ある調査では、思ったよりも早い時点でヒヤリとすることがあるようです。初回モニタリングの導入後7日間程度のところで間違った使い方をしている例もあります。利用者は、生活が不安定になって精神的にも不安定な状態である介護サービス開始時に、各サービスの契約や注意事項を一度に聞かなくてはなりません。すべてを理解すること自体難しいでしょう。その中で福祉用具は毎日毎日利用するものなので、利用者は説明の内容を覚えきれず、間違った使い方や勝手に思いついた使い方をするのではないでしょうか。

　実行（導入）の後、適切な使い方をしているか、目標達成したかをCheck（評価）し、継続か変更か、中止かをPDCAサイクルを意識しながら、皆でモニタリングし、何か変化があったら新しいニーズの可能性があるという意識をもってお互い情報交換することが必要です。

コラム⑥ フリーマーケット・アプリにある福祉用具

　福祉用具は定義の通り、心身の状況や希望、使用環境によって同一種目（例えば車いす）であっても、人によりそれぞれです。そして車でも中古品を買う時にきちんと整備されているものを購入すると思います。昨今では何と！フリーマーケット・アプリで、福祉用具が販売されています。安いと思われるかもしれませんが、整備や修理がきちんとされているかわかりませんし、耐用年数を超えているかもしれません。事故等で注意喚起されている旧JISのものも販売されていることがあります。素人が取扱説明書を読んでも組み立てることができないと思いますし、故障や事故があったときはすべて自己責任です。安いからといって転売されているものを安易に購入しない方が良いでしょう。

事例でもっとわかる！
―ケーススタディ編―

事例でもっとわかる！
―ケーススタディ編―

　ケーススタディでは福祉用具及び住宅改修という住環境支援を行うことでの効果やニーズに対しての取り組み、そして福祉用具と住宅改修による利用者の「やりたい」「行きたい」という気持ちに対する効果について説明したいと思います。

【Case 1】車いすに乗っている姿を見られたくない（気持ちが変わると生活が変わる）

■事例のポイント

・屋内での生活の自立から外出にいたる経過

・福祉用具による気持ちの変化

■事例の概要

・Aさん（62歳）・女性・要介護3

・夫と2人暮らし

・糖尿病による右足関節切断術を行い、退院後、環境整備目的での依頼

■ケアマネジャーの悩み

　Aさんは年齢的にまだ若く屋内での生活の自立を図ったが、以前は活動的な方だと聞いていたので、もっと生活範囲を広げることはできないだろうか？

■多（他）職種連携のポイント

・通院先の理学療法士へ利用者の状態の確認と相談
・福祉用具専門相談員へおしゃれなＡさんに似合う用具の選定を依頼
・ケアマネジャー、訪問リハビリの理学療法士、福祉用具専門相談員の三者でＡさんの生活に合わせた訓練内容と使用福祉用具の検討

(1)　自宅での車いすの使用に向けて

　Ａさんは病院でのリハビリの甲斐があり、健側の左足で立ち上がりやベッドから車いす、車いすからトイレなどの移乗も一人でできるようになりました。義足をつけて歩行訓練はしていますが、移動手段としては車いすの方が実用的ということでした。車いすは自走可能で、病院内の移動は車いすを一人でこぐことができます。トイレまでの移動は車いすで、トイレ内は手すりが設置してあれば一人で下衣の上げ下ろしや便座への移乗は可能です。

図23　Ａさん自宅の間取り

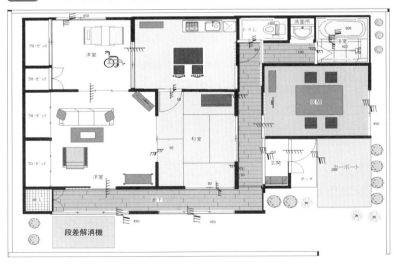

入浴は脱衣室でいすに座れば衣服の着脱ができ、そのいすから洗い場に足をつけば、手すりにつかまりながら入浴用いすに腰掛けることもできます。

　病院の理学療法士と作業療法士は、退院前の準備としてＡさん宅にお邪魔して間取りの確認をしました。Ａさん宅は4DKで、和室と廊下の5cmの段差以外の居間、洋室、台所は段差がありません。廊下とトイレはトイレの方が5cm高く、脱衣室と浴室洗い場は10cm洗い場が低くなっていました（ 図23 ）。

　以上の点を踏まえて、起居動作の自立を目的として特殊寝台の導入、また、屋内移動動作の自立を目的とし（下腿切断をしているので軽く勢いをつけて漕いだ時に前輪が上がりやすくなってしまうので、後方転倒しないように車軸を後方に移動することができる）モジュラー型自走式車いすと、座位に問題はない状態なので材質がポリエステルで立体網状構造のクッションの導入、さらに生活範囲の拡大と外出の自立を目的として庭に段差解消機を設置し、そして、何かにつかまれば立ち上がりや移乗が可能なので、トイレの出入りと便器からの立ち座りの自立、浴室出入りと浴槽またぎ・浴槽内立ち座りの動作を容易にすることを目的として、トイレと浴室に手すりを設置して退院することができました。

　これらの福祉用具と住宅改修でＡさんは家の中のことは自分ででき、入浴だけはヘルパーの介助で入っています。北側の洋室にベッドを設置すると隣にあるダイニングキッチンまで段差がないので簡単に出入りすることができます。

(2)　外出したいニーズをくみ取る

　1か月後にお伺いしたところ、台所のいすを片付けて車いすで移動できるようにして、ダイニングテーブルを使用しながら簡単

な料理もしているということでした。

　生活も安定し屋内の動作はほとんど自立しているので、生活範囲が広がっているのではないかと6か月後に聞きました。「どこか出かけていらっしゃいますか？」と尋ねたところ、「月1回病院に行って診察を受けています」ということでした。段差解消機を設置していたので、「通院だけではなく他に行かれないのですか？」と聞くと「車いすに乗っている姿をご近所の友達たちに見られたくない」と言います。Aさんはまだ若く、以前は活動的な人だと聞いていました。仲の良い友人も多くいるので街中で話をしたりしているかと思っていたのですが、家を出て友人に自分の姿を見られたくないという気持ちが生活範囲を広げることに対する支障となっていたのです。このまま家の中の生活だけでなく、好きな時に外出し友人達とも気楽に会うことができるようにと考え、通院先の理学療法士に何か良い方法はないか相談することにしました。担当の理学療法士は「右足以外は不自由な所はなく認知機能も大丈夫なので、病院で電動カートの練習をしてみましょう」ということでした。

⑶　Aさんの身体状況や好みにマッチした電動カートの選定

　その1か月後、病院では電動カートの操作も十分可能になってきたので、小回りの利く電動カートで家の周りを練習してみることにしました。小回りが利く電動カートを選んだ理由ですが、もともとおしゃれ好きで外出するときは近所でもお化粧をしたり、ネックレスを洋服に合わせて選んだりしているAさんです。操作性に問題なければ近所のコンビニの中にも入ることができるようにという機能的なことから小回りが利くもの、出かけたくなる気持ちを引き出すためのデザインとして女性が好む色の――Aさん

の身体状況と使用目的、及び外出したくなる色を兼ねそろえた――――電動カートがないか福祉用具専門相談員に聞きました。そうすると、福祉用具専門相談員は、赤系統の中でもルビーレッドの電動カートを選定してくれました。早速1週間に1回、練習日を設けました。3回目の練習のときです。Aさんはお化粧とネックレスをして練習するようになりました。Aさんは「外に出るのが楽しみになりました」と言い、すぐにレンタルの手続きを取ることにしました。

　今までは通院以外は自宅にいたので、訪問するときはいつでも大丈夫だったのですが、電動カートで出かけるようになった途端、1週間前にお電話しないと予定が入れてもらえないぐらい忙しく過ごすようになりました。

⑷　広がるニーズへの対応

　さらに1か月後、Aさんから「家で歩行練習をしたい」と連絡がありました。話を聞くと、「コンビニや郵便局に行って、歩いて買い物をしたりお金を下ろしたりしたいので、家で歩行練習のリハビリをしたい」ということでした。早速訪問リハビリを依頼し、福祉用具専門相談員と同行訪問し、歩行訓練を希望していることとその理由を担当の理学療法士に伝えることにしました。

　担当の理学療法士は、切断部位の状況確認と関節の可動域や筋力、どのような福祉用具を使用して歩行訓練したら良いかなど見てくれました。切断部位の皮膚には異常がなく、股関節・膝関節の顕著な可動域制限もありません。筋力はやや低下していますが歩行器を使用すれば家の中を歩く訓練をすることができるということでした。早速、福祉用具専門相談員が理学療法士とどのタイプの歩行器が良いか打ち合わせをしました。左足を踏み出すときは手だけで支えなければならないため、屋内用歩行車のように前輪がキャスタタイプのものでは体重を支え切れないので、持ち上げ型歩行器を選定することになりました。

　Aさんはリハビリをすることで、「コンビニの中で杖をついて歩くのが目標です」と言って自主トレもするようになりました。

　このように福祉用具を使用することで気持ちが変わり、新しい生活を再構築することができました。これが福祉用具の持つ「可能性を引き出す役割」なのです。

【Case 2】動かない方が痛みが少なくてすむ
　　　　　（生活環境が変わると生活が変わる）

■ 事例のポイント
・痛みによる生活範囲の狭小化から生活範囲の拡大にいたる経過
・症状による気持ちの変化を福祉用具でどのように解決していくか
・今までの近所付き合いのある生活を取り戻すにはどうしたらよいか

■ 事例の概要
・Bさん（60歳）・女性・要介護1
・独居・近くに長女在住

・右変形性膝関節症による痛みにて環境整備目的での依頼

■ケアマネジャーの悩み

　Bさんは自立心が高いが、痛みにより何度か生活範囲が狭くなることがあった。状況に応じて目標を確認しながら住環境整備により生活を変えることはできないだろうか？

■多（他）職種連携のポイント

・ケアマネジャーとして福祉用具専門相談員への情報提供

・福祉用具専門相談員による長女とBさんの状況確認

(1)　痛み軽減のための環境整備

　Bさんは50代から右膝の痛みがあり、整骨院に通っていました。痛みが強くなってきたので整形外科を受診したところ、右膝変形性関節症と診断され服薬治療を受けていましたが、次第に外出時に歩くことができず近所に住んでいる長女に買い物に行ってもらうようになってきました。というのも寝具は布団で起き上がるのに時間がかかり、起き上がったときには膝に痛みが出てやる気がなくなってきてしまったのです。特に夜のトイレの時の起き上がりやトイレまでの移動、トイレの立ち座り動作が大変で、朝起きてから足を少しずつ動かすなど、しばらくしてからでないと足が思うように動きません。お風呂も身体を洗う時の立ち座りと浴槽またぎが大変なので入浴回数が減ってきてしまっていました。でもお風呂に入ると膝の痛みが和らぐのです。もう一つBさんの悩みは、夜なかなか寝付けないことです。寝るまでに時間がかかることと、夜中に目が覚めて必ずトイレに行くので、内科の先生に相談して寝つきの良くなる薬を処方してもらい、今は薬を飲めば寝付くことが早くなってきているということでした。

　これらの情報をＢさんから許可をもらい福祉用具専門相談員に情報提供しました。そこで今回は膝の痛みで起き上がりやトイレ、入浴が大変になってきたということを主体に解決するために、主治医の意見書をもとに介護用ベッドの例外給付の申請と入浴の洗体時立ち座り動作改善のための入浴用いすを購入しました。そして、住宅改修で寝室からトイレまでの移動動線のための廊下に横手すり、トイレのドアの開閉動作とトイレ内立ち座り動作のための縦手すりとＬ字手すり、浴室ドア開閉動作と浴室内移動および洗体時の立ち座り動作や浴槽またぎ動作のために手すり設置工事を行うことにしました。すると家の中の生活は便利になりＢさんも気持ちが明るくなったようです。

⑵　リハビリと並行しながらの生活環境の見直し

　しかし、ケアマネジャーは毎月モニタリングに訪問すると少しずつＢさんの表情が暗くなっているのに気がつきました。Ｂさんは半年ぐらい経つと再び膝に痛みが出てきてしまったので段々と閉じこもるようになり、障害高齢者の日常生活自立度（寝たき
り度）ランクＡ2の状態になってしまっていたのです。ケアマネジャーは、通所リハビリテーションの検討を進めるとともに住環境の見直しのため再度、福祉用具専門相談員と同行訪問することにしました。福祉用具専門相談員は経験も長く、長女の話を聞くだけでなくＢさんの身体の動きを観察したり、Ｂさんの今の気持ちとこれからの生活で希望することを聞いたりしてくれました。Ｂさんは「動き過ぎると膝が痛くなり、また布団のときの生活に戻ってしまうのではないかと不安で、動かない方が痛みが少なくて済むと思ってしまうのです」「もし膝の痛みがなく生活できるのであれば、軽いものぐらいは自分で買い物に行きたいですね。

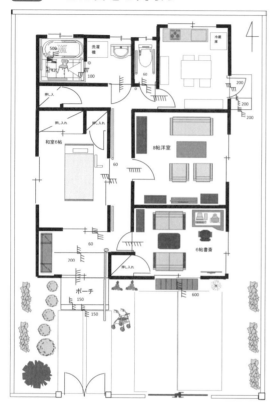

図24　Bさん自宅の間取り

今は頻繁に娘に来てもらっているので娘に悪いですし、ヘルパーさんをお願いすると家から出なくても済むようになってしまいますので返って動かなくなってしまうのではないかと思ってしまいます」と言いました。福祉用具専門相談員は屋外用の歩行車の中でも両手に体重をかけることで膝にかかる荷重や負担を少なくし、外出した時の小さな段差の乗り越えがしやすい軽めのものを選んでくれました。また、20cm の上がり框段差と玄関ポーチのところにある15cm の階段2段も外出する際つかまるところが必要と判断し、玄関から階段下までの手すり設置を追加工事しました（**図24**）。

(3)　生活範囲の広がり＝楽しみの増幅

　1か月後にモニタリングで確認したところ、Bさんは「5分程度の散歩から始めて最近は約10分の散歩ができるようになりました」と喜んでいました。散歩のコースを聞くと、公園を回って時々お花屋さんと立ち話をしているということでした。

　約10分の散歩ということは概ね1,000歩歩くことができ、一歩の歩幅を70cmと考えると700m連続歩行ができたということになります。福祉用具専門相談員は、一度に連続歩行を伸ばすよりも休憩しながら歩行距離を伸ばした方が無理なく歩くことができると思い、半分の約5分歩いたところで一度歩行車の座面に腰掛け休憩してから再度歩行したり、お花屋さんでお話をするときにも座面に腰掛けてお話をしてみたりすることを提案しました。

　さらに1か月してからモニタリングに訪問したところ、Bさんは気持ちが明るくなり、散歩も休憩しながら15分の距離を歩くようになったということです。毎日歩くことで体力も回復し、10分歩いたところにコンビニがあるので、テレビで宣伝しているビールを買いに行ったりと楽しみが増えてきていると話していました。長女はBさんが持てない重たいものを中心に買い物をしています。

⑷　生活リズムを取り戻す

　それだけでなく、Bさんはほぼ毎日散歩や買い物をするようになったので夜寝床についてから眠るまでの時間が早くなり、寝つきの良くなる薬を減らしても眠れるようになってきました。Bさんは「この間テレビを見ていたら、寝つきをよくするためには日光を浴びるといいということと、お風呂はぬるめの40℃以下の温度で腰湯にして15分ぐらい温まるといいと言っていたので、2週間ぐらい前から腰湯をするようにしたら寝つきが良くなってきた」と言います。日光を浴びることで幸せホルモンのセロトニンが分泌し、セロトニンの分泌が増えると睡眠ホルモンのメラトニンの分泌も多くなるのです。ぬるま湯に入ることで副交感神経が働きリラックスして眠れるような身体へと変化するので、B

さんは寝つきが良くなってきたのでしょう。寝つきの良くなる薬が減ってきたことは長女も喜びました。というのもBさんは夜中に目が覚めてトイレに行こうとしたときにふらついて転びそうになったことがあります。長女としては膝の調子ばかりでなく寝つきの良くなる薬が効いていてふらついたのではないかと考えていたのです。長女から内科の先生にお風呂のことは報告しておくということでした。

　Bさんは福祉用具と住宅改修を行うことで障害高齢者の日常生活自立度（寝たきり度）ランクJ2に回復することができました。

【Case 3】多（他）職種連携 （支援者皆で PDCA サイクルを回す）

■事例のポイント

・左片麻痺症状による運動障害と感覚障害をどのように福祉用具で支援するか

・多（他）職種で利用者の希望を引き出しながら回す PDCA サイクル

・家族による福祉用具のメンテナンスのしやすさも視野に入れる

■事例の概要

・Cさん（65歳）・男性・要介護2

・妻と二人暮らし

・脳出血による左片麻痺にて環境整備目的での依頼

■ケアマネジャーの悩み

　機能レベルでは「維持」を目的とする理学療法士の判断を踏まえ、退院後、左麻痺症状のあるCさんの意向や希望に沿って生活範囲の拡大を進めていくために、多（他）職種それぞれの立場から意

見を引き出し、Cさんの生活に合った住環境を整備していきたい。

■多（他）職種連携のポイント

・入院中のカンファレンスによる退院後の生活目標の確認

・退院後サービス担当者会議にて状況確認と支援方針の確認及び
　支援の検討

・トイレ手すりのヒヤリハットへの対応とシャワー浴に対する検
　討をサービス担当者会議の開催で連携

(1)　脳出血による左片麻痺症状

　Cさんは、元々高血圧と診断され内科で降圧剤を処方されていました。5か月前に左側に力が入らなくなり、起き上がることもできなくなってしまったので救急車で病院を受診したところ脳出血との診断を受け、急性期病院、回復期病院を経て退院することになりました。

　左の片麻痺症状につき、左手はだらんとした状態なので自分で動かすことができません。感覚も麻痺していて、ベッド上でも車いす上でも左手がどこにあるのかよくわかりません。左の足は自分で動かすことは何とかできますが、歩いているときは引きずってしまいます。また、半側空間失認の症状があり左側への注意を向けることが苦手で、食事のときもお膳の左側のものを食べ忘れたり、テレビで相撲を見ていても画面左側の東方力士を見落としてしまいます。

　Cさんは入院中に毎日受けたリハビリで、特殊寝台とベッド用の手すりを使えば起き上がりや立ち上がりができるようになりました。1泊ですが土日に外泊して、家の中の移動も装具を使用しないでT字杖をつけば移動することができることがわかりました。要介護度は要介護2との判定でした。

退院時カンファレンスでは、理学療法士や作業療法士から、「運動麻痺や感覚麻痺は軽度〜中等度麻痺があり、左上肢はわずかに動きはありますが何かをつかむときなど補助的に使うことは難しいということ、左下肢は曲げたり伸ばしたりする動きは何とかできますが、感覚障害があるので小さな段差につまずいたときわからないことがあると思われます」と状態の説明を受けました。また、「左半側空間失認はすぐには改善しないので左側を見落としてしまうと考えて家の中の整理をされると良いでしょう」とも言いました。

(2)　退院後の Plan（仮説）

そこで福祉用具専門相談員と一緒に、起居動作とトイレや洗面所、リビングルームまでの移動の自立を目的に電動ベッド、ベッド用手すり、スモールベースで可動式の四点杖、トイレ内据え置き型の手すり、もしくはトイレ内住宅改修手すり工事を検討したところ、Cさんはトイレに関しては負担が少ない据え置き型の手すりを希望したので電動ベッド・ベッド用手すり・マットレス・サイドレール・可動式四点杖・トイレ内据え置き式手すりをレンタルして退院し、通所リハビリテーションで機能回復訓練と入浴サービスを受けることにしました（図25）。

(3)　退院後の Do（実行）

退院後1か月ぐらいは何事もなく一人で移動することができているので、障害高齢者の日常生活自立度（寝たきり度）はランクA1の状態です。週に2回通所リハビリテーションを受け、その時に入浴サービスも受けていましたが、Cさんからそろそろ暑くなってきたので夏ぐらいはシャワー浴をしたいという希望が出て

図25 Cさん自宅の間取り

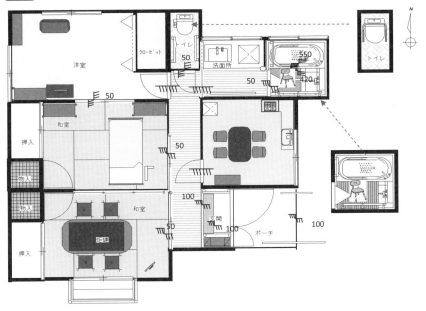

　きました。Cさん、通所リハビリテーションの理学療法士、ケアマネジャー、福祉用具専門相談員みんなで相談をしようと思っていた矢先、夜間のトイレのとき、Cさんはトイレ内の据え置き型手すりのベース部分に足が引っかかりつまずいて転倒してしまいました。

　夜間は思ったよりも足が上がらず、ベース部分に引っかかっていたことに気づかないでトイレに座ろうとしたときの出来事でした。Cさんの状態は転んで軽く手をぶつけた程度ということでした。今は手をついての移動時も痛みはなく、いつもとそれほど変わることなく動いていましたが、Cさんの妻は転倒したことをケアマネジャーに報告し、サービス担当者会議を開き、ケアマネジャー、福祉用具専門相談員、理学療法士と一緒に検討しました。

⑷ 退院後の Check（評価・分析）、Action（改善・変更）

　通所リハビリテーションの理学療法士は下肢の機能は維持ができているけれども感覚障害は改善していないので、見た目よりもＣさんにとって小さな段差は危険であるということでした。そこでトイレ内と廊下部分には住宅改修の手すり設置をすることで足に引っかからないような環境づくりを行うことにしました。そのときにＣさんは「家でシャワー浴をしたいのですが、何か良い方法はありませんか？」と意見を言いました。妻からも「できるだけ今回のように転んだりしないように福祉用具や手すりなどをつけてほしいのですが」と発言があり、脱衣室と浴室内も住宅改修で手すりを設置することにしました。これが 81 頁で述べた PDCA サイクルの Check（評価・分析）と Action（改善・変更）になります。

⑸ 2度目の P（仮説）・D（実行）

　しかし、脱衣室と浴室洗い場の 5 cm の段差をどうするか意見が分かれました。今回の転倒をきっかけに、すのこで段差解消をする意見と、すのこ設置では妻の掃除の負担が増えてしまうので手すり設置のみで 5 cm の段差を昇降する意見が出たのです。Ｃさんも妻も、すのこの便利さも不便さも体験していないので判断できません。ただ、もう転びたくないということを優先順位の一番にしてすのこ設置を行い、入浴用いすの購入もすることにしました。ここが Plan（仮説）と Do（実行）になります。

⑹ 2度目の C（評価・分析）・A（改善・変更）

　半年後再び、サービス担当者会議を行いました。Ｃさんは「家

の中ではあれ以来転びそうになることはありません。十分注意も
しています。日中は洋室でテレビを観たりしていますが、最近動
画投稿サイトをテレビで見られるようになったので、昔のテレビ
番組や若いとき好きだったビートルズのライブを観たり聴いたり
して楽しみが増えました」ということでした。シャワー浴はどの
ようにしているか聞くと、妻が「私は時々見守るぐらいで何とか
一人でシャワーを浴びていますが、すのこの掃除が大変で大変
で、洗ったり乾かしたりするのもそうですが、持ち上げたり元に
戻したりするのが難儀なので、今は外の倉庫にしまっています。
お風呂場の出入りは手すりにつかまって出入りしていますが特に
危なさそうではないです」と言うと、Cさんもうなずいていまし
た。さらに、「すのこの裏側にカビが生えてしまって汚いですし、
処分したいのですが重いので粗大ゴミに出すのも大変で……」と
いうことです。この場面がCheck（評価・分析）になります。

　現状の動作を理学療法士が確認し、ケアマネジャー、福祉用具
専門相談員も一緒に動作確認しました。皆で相談した結果、洗い
場に滑り止めマットを購入してもらい、今行っている手すりにつ
かまっての段差昇降をすることで対応が可能と思われ、1年後ま
た入浴に関してアセスメントを行うというAction（改善・変更）
を行いました。

　理学療法士の判断では、下肢の動きは安定しているがリハビリ
では現状維持が目的で、今後さらに回復していくことは難しいと
思われるということです。浴槽の中に入りたいという希望が出た
場合にはヘルパー派遣が安全と思われるが、通所リハビリテー
ションを継続していく中で、妻に負担がかからなければ再度検討
すること、歩行が安定しているときに家の中だけでなく外出目的
に合わせた移動方法、そして左側の半側空間失認の状況も踏まえ
てアセスメントを行い、外出目的に合わせた福祉用具の選定と使

用訓練を行っていくことを再確認しました。

(7)　利用者の希望を引き出しながら回す PDCA サイクル

このように PDCA サイクルで考えると、最初の提案（Plan）は仮説であり、モニタリング時にその仮説で目的が達成されたかの評価・分析（Check）と、今後の改善・変更（Action）の流れから支援を行っていきます。トイレ用の手すりでの転倒はあったものの C さんは、身体状況と精神状態の安定により夏場のシャワー浴を希望し、その希望にこたえる支援として手すり、すのこ、入浴用いすを導入しました。この支援も PDCA サイクルの Plan であり、サービス担当者会議で評価（Check）した結果、不衛生だったすのこを外すことになりました。そして、シャワー浴ができるか身体状況の確認（Assessment）を行い、皆で評価して再度、支援策（Plan）として滑り止めマットを導入しました。

この事例では、身体状況から見て機能レベルでは「維持」が目的であるという理学療法士の判断を参考にして、生活範囲拡大を目的としました。そのための支援に向けて、高次脳機能障害である左半側空間失認の状況を確認しながら、屋外移動方法のアセスメントや使用用具を使った機能訓練を行っていくという方針に基づき、それぞれの職種によるモニタリング・確認という流れの中で福祉用具の選定を行いました。

多（他）職種連携することの目的は、行動抑制や注意喚起をすることではなく、利用者の希望を引き出すことです。どのサービス（福祉用具以外も含めて）を利用するとどのような生活を送ることができるのか、そのことをケアマネジャーだけでなく、チームで支援するサービス担当者がそれぞれの立場から検討し、それぞれの立場から可能と思われる支援策の提案が大切ですね。

コラム⑦　すのこ導入時の注意点

　浴室洗い場の段差解消としてすのこを使用することは多くあるかと思います。どの用具でもメリットとデメリットがありますが、すのこのデメリットとしてぬめりやカビが挙げられますが、掃除が行き届かないことは多くあります。すのこの裏側やすのこの下の洗い場、排水溝など毎回の掃除は大変です。段差を5cm程度におさえられるような薄いすのこを選べば掃除がしやすく、また5cm程度であれば利用者も昇り降りしやすいでしょう。

おわりに

―体験談「快適な車いすに出会うまで」―

　筆者は 2014（平成 26）年に脊柱管狭窄症と診断され、整形外科にて様々な鎮痛薬を処方されましたが痛みが取れず、立っているのも 5 分、歩くのも 5 分経つと痛くて動けなくなるので仕事も控えていました。

　しかし他の治療法はないかと知り合いの緩和ケア医に相談し医療用麻薬（モルヒネ）を処方してもらい痛みをとることと、福祉用具を利用することで仕事に復帰することができるようになりました。

　要介護申請にて要支援 1 と認定され福祉用具を使用し、ほぼ前と同じぐらいの仕事量をこなすことができましたが、近所を歩く時は T 字杖、買い物をするときは歩行車。電車を使用して移動するときには途中で座って休憩ができるよう座面付きキャリーバッグの中でも耐荷重 100kg のもの。徒歩 20 〜 30 分ぐらいのところへの移動の時には自転車、国際福祉機器展（HCR）のような展示会の時は移動量も増えるので、会場まで車で移動し、会場内はスェーデン製の車いす。夜間まっすぐ寝ていると痛みで眠れないのでセミファーラー位を取ることができるよう特殊寝台を使用しました。車いすや特殊寝台は例外給付で借りることができました。

　このように福祉用具等を使用しながら減薬し、約 3 年間で薬を飲まないで生活することができるようになりました。

　私にとっての福祉用具は元の生活に戻るための生活必需品であり、そのためにこだわった車いすは動きやすいものでした。軽量で剛性が高いので、いわゆる高齢者の方々が一般的にお使いになられているような車いすでは、漕ぐときの重さや取り回しなど操作性が悪く、自宅マンションの約 7 cm の段差を乗り上げることも難しく、数 m 漕いだだけでもすぐ疲れてしまいました。それに比べてスェーデン製の車いすは約 9 kg と軽量で剛性も高いので、漕いだ力が動く力に伝達されるので展示会場等移動していても疲れを感じることなく移動することができました。クッションもエアタイプのものを使用したので路面の凹凸から生じる振動を吸収してくれるのでストレスなく乗っていることができました。

　私にとっての車いすは「安かろう悪かろう」「高かろう良かろう」という言葉そのものでした。

　福祉用具という介護サービスの目標設定を明らかにすることが、利用効果を高めることになります。事例では動作が便利になることでしたい生活に変化が表れてきたり、生活範囲の拡大を図ることができたり、PDCA サイクルの中で多（他）職種連携をとったりすることも紹介しました。そし

筆者の「やりたい」「行きたい」を引き出してくれた用具

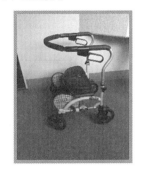

（パラマウントベッド(株)）

てこれらのケースでは「したい生活」が表れてきていますが、この「したい生活」を引き出すことができるかどうかが、ニーズの把握につながります。

特に多（他）職種で連携することにより、利用者本人やご家族がまだ気づかない「したいこと」に支援スタッフが早く気づくことが大切ではないでしょうか。心身状況が回復している時ばかりでなく、徐々に機能低下している時や、ある意味終末期であっても「したい生活」は出てくるでしょう。私たちが行っている支援は、徐々に機能低下していく利用者に安らかに最期まで過ごしていただくことです。本人自身の生活をしていただくために、介護者自身の生活をしていただくためにも、福祉用具は活用されるべきものと思います。

著者紹介

加島　守（かしま　まもる）

高齢者生活福祉研究所所長、財団法人保健福祉広報協会評議員、一般財団法人日本車椅子シーティング財団　副代表、理学療法士、介護支援専門員。医療ソーシャルワーカーとして勤務後、理学療法士資格取得。病院等での勤務を経て、2004年10月に高齢者生活福祉研究所を設立。著書に、『明解！福祉用具サービス計画の手引き』（共著、筒井書房、2013年）、『住宅改修アセスメントのすべて　介護保険「理由書」の書き方・使い方マニュアル』（三和書籍、2020年）などがある。

サービス・インフォメーション

―――――――――――――――――――――――――――――通話無料――――

①商品に関するご照会・お申込みのご依頼
　　　　　　　TEL 0120(203)694／FAX 0120(302)640
②ご住所・ご名義等各種変更のご連絡
　　　　　　　TEL 0120(203)696／FAX 0120(202)974
③請求・お支払いに関するご照会・ご要望
　　　　　　　TEL 0120(203)695／FAX 0120(202)973

●フリーダイヤル(TEL)の受付時間は、土・日・祝日を除く
　9：00〜17：30です。
●FAXは24時間受け付けておりますので、あわせてご利用ください。

ケアマネのための福祉用具マネジメント
―利用者の「やりたい」「行きたい」がどんどん引き出せる!―

2023年3月10日　初版発行

著　者　　加　島　　　守

発行者　　田　中　英　弥

発行所　　第一法規株式会社
　　　　　〒107-8560　東京都港区南青山2-11-17
　　　　　ホームページ　https://www.daiichihoki.co.jp/

ブックデザイン　株式会社エディット

ケアマネ福祉用具　ISBN978-4-474-09172-6　C2036（8）